科学之光
LIGHT OF SCIENCE

世界因他们而改变

冯·布劳恩评传

[德] 约翰内斯·魏尔◎著

廖峻◎译

中国科学技术出版社

·北 京·

图书在版编目（CIP）数据

冯·布劳恩评传 /（德）约翰内斯·魏尔著；
廖峻译 . -- 北京：中国科学技术出版社，2024.2
（世界因他们而改变）
书名原文：Wernher von Braun
ISBN 978-7-5236-0376-5

Ⅰ. ①冯… Ⅱ. ①约… ②廖… Ⅲ. ①布劳恩（Braun,
Wernher von 1912–1977）– 评传 Ⅳ. ① K835.166.16

中国国家版本馆 CIP 数据核字（2023）第 226448 号

Original Title: Wernher von Braun
Copyright © 1999 by Rowohlt Taschenbuch Verlag GmbH, Reinbek bei Hamburg
Simplified Chinese language edition arranged through Beijing Star Media Co. Ltd., China.
北京市版权局著作权合同登记　图字：01-2023-5348

总 策 划	秦德继
策划编辑	周少敏　李惠兴　崔家岭
责任编辑	孙红霞　崔家岭
装帧设计	中文天地
责任校对	吕传新
责任印制	马宇晨

出　　版	中国科学技术出版社
发　　行	中国科学技术出版社有限公司发行部
地　　址	北京市海淀区中关村南大街16号
邮　　编	100081
发行电话	010-62173865
传　　真	010-62173081
网　　址	http://www.cspbooks.com.cn

开　　本	787mm×1092mm　1/32
字　　数	102千字
印　　张	7.5
版　　次	2024年2月第1版
印　　次	2024年2月第1次印刷
印　　刷	北京长宁印刷有限公司
书　　号	ISBN 978-7-5236-0376-5 / K·374
定　　价	58.00元

目　录

第 1 章

起源与开端

早年岁月（1912—1930）

十七岁时，韦恩赫尔·冯·布劳恩（Wernher von Braun）写过一篇题为《卢内塔》（*Lunetta*）的科幻故事，故事讲两名极地科学家被困于永冻冰层，靠着火箭逃出生天，被送上了人造宇宙空间站"卢内塔"。一名获救者这样描写这个场景："在新的物理环境

韦恩赫尔·冯·布劳恩

下，这里的生活与地球上截然不同。由于没有任何重力，房间里也就没有所谓的地板。倒不如说四面都是窗户，大厅里的人……努力进行各种尝试找到一个支撑点，才能移动到下一个位置。"[1]空间站指挥官向他的两位客人展示了地球观测舱，并向他们解释说，"这里部署了一套地球安全系统"，正是这套系统观测到了极地任务的失败，才救了他们。

布劳恩充满激情地继续说道："相比空间站的那些人，我们实在是无比渺小，微不足道。……起初，我们还不相信，但不久之后我们就认识到，在卢内塔空间站里，没有什么是不可能的。"[2]例如，卢内塔空间站里有面直径350米的大镜子，用于聚焦太阳光并影响地球上的天气状况。在指挥官用火箭将他的客人们送回柏林之前，他向他们指出了太空航行的伦理意义："操作这面镜子时必须承担重大的责任，因为任何一个小小的失误都可能引起山火爆发或其他更严重的灾难。"[3]

这篇发表在中学校报上的文章是韦恩赫尔·冯·布劳恩青年时期为数不多的原始文件之一，我们可以由此勾勒出一幅年轻中学生的形象。首先引起注意的是文中涉及大量的太空航行的知识，还有丰富的想象力，以及对当时还陌生的技术进行实际应用的敏锐度。但更重要的是，文章显示出作者有一种能力，可以形象生动地向非专业人士描述这些技术项目，让他们理解。然而，对太空航行的无限迷恋，以致对新技术的意义与目的缺乏敏感性，这也相当明显。因为要把遇险者先送到太空站，再送去医院，这完全是绕远路，没必要。甚至在将来他本人的太空航行项目中，韦恩赫尔·冯·布劳恩也没有考虑，以那样的消耗去实现预期的目标是否值得。对他来说，航天技术并不是达到某种目的的手段，毋庸置疑，它本身就是目的。布劳恩的政治观在《卢内塔》这部小说中初露端倪。我们看到，驻扎在外太空的专家们对地球及其上的活动进行控制和操纵，此愿景的核心是技术官僚的概念，进而推出技术专家可以凭借他们的知识进行统治的结论。按此逻辑，政治决策程序如议会民主，就显得多余了。

要解释这种政治观是如何形成的，我们必须回溯到冯·布劳恩的童年和青年时代，尽管，世人对此知之甚少。他的全名是韦恩赫尔·马格努斯·马克西米利安·冯·布劳恩（Wernher Magnus Maximilian von Braun），1912年3月23日，出生于波兹南（今属波兰）的维尔希茨（Wirsitz）的一个贵族家庭。他有一个哥哥西吉斯蒙德（Sigismund）（生于1911年）和一个弟弟马格努斯（Magnus）（生于1919年）。他的父亲马格努斯·冯·布劳恩男爵（Magnus Freihherr von Braun）是活跃于政坛的高官，曾在柏林的内阁任职，宦迹遍及东部各省。[4]具有德意志民族主义思想的布劳恩男爵毫不隐藏他对民主政体的反对，他拒绝在魏玛共和国任职。1920年3月，他参与了卡普（Kapp）暴动，这是一场右翼极端民族主义势力发动的政变，试图颠覆年轻的共和国，因此他被解除了贡宾嫩（Gumbinnen）地区（属东普鲁士）首脑的职务。然而，作为帝国经济委员会成员及瑞福森银行董事，布劳恩男爵在公众生活中仍然是有影响力的人物。1932年6月，他成为巴本（Papen）内阁的农业部长，这届内阁为纳粹上台铺平了道路。后来，阿道夫·希特勒（Adolf Hitler）没有把他召入内阁，于是他失望地退休了，回到他于1930年收购的西里西亚赫施贝格（Hirschberg）附近的奥伯维森塔尔庄园（Oberwiesenthal）。

韦恩赫尔的母亲埃米·冯·布劳恩男爵夫人（Freifrau Emmy von Braun）被认为是一个有教养、开朗、热心肠的女人。对于年轻的韦恩赫尔来说，她是一位重要人物，她教韦恩赫尔学会了钢琴和外语，以及后来成为众人口中所谓"冯·布劳恩风度"的那套礼仪。小韦恩赫尔在母亲那里发掘出让自己保持头脑清醒所需的注意力。他的母亲后来回忆说："他就像一块干涸的海绵，如饥似渴地吸收每一丝知识。他的问题真是无穷无尽。"[5]她对儿子能充分理解。韦恩赫尔总是不知疲倦，活力十足，手里不停地捣鼓各种小东西。父亲对韦恩赫尔则完全缺乏理解，他试图给儿子"一点点来自父母的指导"[6]，但却总是徒劳无功。

这种处于矛盾两极之间的童年塑造了韦恩赫尔·冯·布劳恩。他成为一个多才多艺的人，其

韦恩赫尔（左）被父亲抱在怀里；右边是比他大一岁的哥哥西吉斯蒙德

魅力让所有与之接触过的人都印象深刻。韦恩赫尔·冯·布劳恩总是知道他想要什么，并且对将要面临的风险有清醒的把握，以此来推进他的计划。拥有一个善解人意的母亲，能为其在家中营造出宽松环境，为其遮风避雨，这是冯·布劳恩后来取得辉煌成功的家庭条件。他在回忆录中写道："我只做那些我喜欢做的事情，而那些大多是班上的课程教学大纲中没有的东西。"[7]

在柏林的法国文理中学的头几个学年，韦恩赫尔就多次逃了物理课和数学课，腾出时间待在家里做手工。他把烟花安装在一辆手推车上，造出了一辆"火箭飞车"。"飞车"在柏林的动物园大街上飞窜，吓得行人大喊大叫，惊慌不已。[8]韦恩赫尔没去想这可能会带来什么后果，他首先关注的是自己的技术成就："我欣喜若狂。尽管这辆车完全失去了控制，喷出一条彗星般长长的火焰，但是我的火箭运行得比我想象的还要好。"[9]警察拘留了布劳恩，全靠父亲出面，他才得以逃脱惩戒。

西吉斯蒙德、韦恩赫尔和马格努斯三兄弟（从左到右）

埃米和马格努斯·冯·布劳恩夫妇与他们的三个儿子西吉斯蒙德、马格努斯和韦恩赫尔（最右）

父亲对儿子的所作所为评价道："韦恩赫尔身上似乎具有极强的技术天赋，这在我们家是一种全新的特质。我真不知道他是从哪里获得这种才能的。"[10]

他们家族的子弟要么成为地主，要么参军或是从政，韦恩赫尔简直就是个"怪人"。[11]他灵感的一个重要来源是他的母亲，天文学也是他母亲的爱好之一。1925年，在举行坚信礼仪式后，母亲送给他一台天文望远镜，这点燃了他对太空终生不减的热情。在仰望月球时，他也许就下决心要制造出前往月球的交通工具。

韦恩赫尔的数学和物理成绩太差而无法升级。这个坏消息迫使韦恩赫尔的父母必须要采取行动了。父亲认为，"这个儿子需要得到父母之外更多的指引和开导"。[12]于是，韦恩赫尔十三岁时，进入了魏玛附近的赫尔曼·里茨寄宿学校。这所学校以其现代教育方法而闻名。在业余时间，他对望远镜爱不释手，如饥似渴地学习天文知识，追求太空航行的梦想。还有一个重要的动力来自赫尔曼·奥伯特（Hermann Oberth）的著作《飞向星际空间的火箭》，这是一本出版于1923年的现代火箭研究的基础著作。韦恩赫尔很难看懂这么多的数学公式，但是太空航行的梦想激发了他的雄心，促使他在自己薄弱的数学科目

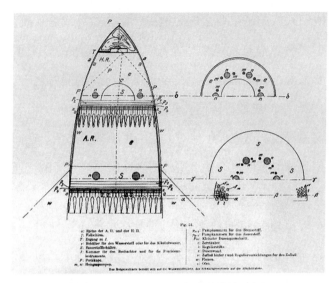

**两级载人火箭的设计图，理论上可以摆脱地球的引力场。
出自 1923 年赫尔曼·奥伯特的《飞向星际空间的火箭》**

上拼命用功，直到他搞懂了奥伯特这本著作的"至少一半"。[13]不久，韦恩赫尔就成了班上学业最好的学生，甚至通过了提前举行的毕业考试。韦恩赫尔眼前要是有个目标的话，那他就会一往无前，不可阻挡。

在学校里，韦恩赫尔就已经踏出了实现梦想的第一步。他和同学们一起建造了一座小型天文台，而且他在这个非凡的团队中起到了带头人的作用。他在后来的人生轨迹中常常扮演这一角色。他还参与了登月之旅项目，撰写了一份《远程火箭理论手册》，展示出他高度的科学素养。手册中写道："远程火箭是这样一种装置，它通过使用火箭发动机在约 1–5 分钟的推进期里达到一定的最终速度，然后它会像炮弹一样在自由抛物线上运行。计算其实际轨道……是一个弹道问题，可分为两步：一是推进期的飞行（即内弹道学）；二是无推进期的抛掷运动（即外弹道学）。"[14]

韦恩赫尔·冯·布劳恩年轻时的梦想就是建造火箭飞入太空。这个梦想指引了他的职业前途：他在 1930 年夏季学期登记进入柏林技术学院*，同时立即与赫尔曼·奥伯特身边的火箭设计师们建立起了联系。

---

* 现柏林工业大学。——译者注

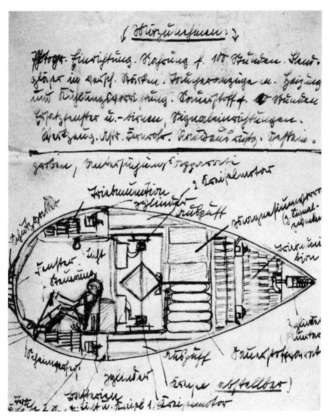

韦恩赫尔·冯·布劳恩在十五六岁时创作的载人火箭素描图

柏林火箭试飞场（1930—1932）

20 世纪 20 年代，德国人热衷于太空航行，这一热潮首先是由赫尔曼·奥伯特引发的，他首次向世人展示了实现太空航行的具体途径。许多同时代的人都认为这是异想天开。然而，马克斯·瓦利埃（Max Valier）从 1928 年开始测试的火箭汽车在公众中激起了极大反响。火箭成为民族复兴的象征，这也转移了人们对经济疲软的注意力。成立于 1927 年的航天器协会（VfR）是业余天文学家和火箭爱好者的组织，也为传播太空航行的理念做出了贡献。韦恩赫尔·冯·布劳恩于 1928 年首次参加该协会的活动，1930 年成为其会员。在 20 世纪 20 年代末，建造自己的火箭这一思想在协会中发展成型，从而朝着星际太空航行迈出了第一步。

1929 年 10 月，柏林乌法电影公司发行了电影《月亮上的女人》，进一步推动了太空航行运动。导演弗里茨·朗（Fritz Lang）聘请奥伯特担任科学顾问，并委托他制造一枚火箭。作为电影首映式的宣传噱头，这枚火箭需要被发射出去并攀升到 40 千米的高度。鉴于当时的技术，这是一项完全不可能实现的任务。尽管缺乏工程知识，奥伯特还是接手了这个项目。他与鲁道夫·内贝尔（Rudolf Nebel）一起，在

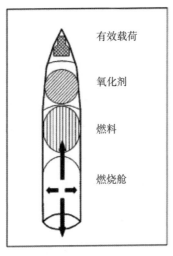

有效载荷

氧化剂

燃料

燃烧舱

液体火箭运行原理。
火箭由燃烧舱中产生的气体驱动。
气体向下排放，产生相同的向上压
力，由此推动火箭向上运动

乌法公司提供的一个车间里用"锥形喷嘴"进行了实验。它是一种新型火箭发动机，使用的是液体燃料，而不是像前人那样使用推力并不强劲的固体燃料。奥伯特像着魔了一样地投入工作，在一次爆炸中还受了重伤。尽管如此，他的革命性发明还是无法造出可以运行的火箭。在电影首映之前，他就失望地回到了罗马尼亚，将未完成的项目留给了他的合作者内贝尔。

1930年初夏，韦恩赫尔·冯·布劳恩加入了内贝尔和奥伯特领导的小组，后者当时重新回到了德国。韦恩赫尔的学业和兴趣得到了紧密的结合。他后来写道："火箭推进和太空航行的想法……是我最初决定从事工程研究的真正原因。"[15]包括克劳斯·里德尔（Klaus Riedel）在内的火箭制造爱好者们在帝国化工研究所的场地上研发出了一种小型液体火箭发动机。在 1930 年 7 月 23 日的测试中，这种火箭在 90 秒内持续产生出 7 千克力的推力，这一测试获得了研究所的认定。后来，奥伯特由于经济原因再次返回家乡。

这一成功激励着这些火箭业余爱好者持续地开展他们的工作。1930 年 9 月 27 日，他们从德国陆军武器局租用了雷尼肯多夫（Reinickendorf）一个废弃军火库里的几个旧棚子，在那里建起了柏林火箭试飞场。由于资金紧张，他们不得不四处筹款。冯·布劳恩将内贝尔描述为一个大大咧咧、行动力强的人，"他具备一种惊人的能力，能从各个公司那里搞到捐赠"。此外，在大规模失业潮汹涌之时，技工们对自己能在火箭试飞场找到活儿做，得到住所和一顿热饭感到很高兴。

首个项目是一种最小型的火箭，简称米拉克（Mirak）。内贝尔也开玩笑地解释说，这是"具有奇迹效应的最小单位"（Minimumeinsatz mit Mirakeleffekt）[16]

鲁道夫·内贝尔（左）和十八岁的韦恩赫尔·冯·布劳恩在柏林雷尼肯多夫火箭试飞场，拍摄于1930年

的意思。虽然约翰内斯·温克勒（Johannes Winkler）于1931年3月14日在德绍（Dessau）试飞了欧洲第一枚液体燃料火箭，但不久之后，内贝尔小组在火箭试飞场也取得了成绩：1931年5月，第一枚"米拉克"飞上天空，之后又发射了几十次。观看这些发射的观众需要付费，这能给火箭试飞场带来一些资金方面的补充。在此类发射活动中产生作用的机制在后来的项目中越来越清晰地显现出来：只有通过成功的火箭发射才能维持公众的兴趣，特别是来自工业和政

界的潜在资助者的兴趣，这导致火箭科学家陷入"表演作秀"，即经常把还未完成的半成品就匆匆发射出去。

"米拉克"是一种原始的火箭，其设计不过是临时的随机应变。例如，"内贝尔倾向于使用他可以免费获得的材料"[17]，除了将发动机安装在火箭顶部之外，没有考虑任何其他的设计解决方案。米拉克能到达 500 米的高度，然后利用降落伞落下来。这只是

柏林的火箭试飞场，拍摄于 1930 年。最左边是鲁道夫·内贝尔，在垂直树立的那枚火箭的右边是赫尔曼·奥伯特，在他前面右边穿着白色外套的是克劳斯·里德尔，在他后面的是韦恩赫尔·冯·布劳恩

第一步，在制造可投入使用的液体燃料火箭的道路上还有许多问题需要人们去解决。

尽管有学业任务和火箭试飞的双重压力，韦恩赫尔·冯·布劳恩还是为自己的其他活动留够了充足的时间，特别是飞行，这与水上运动一样都是他最大的爱好。1932年，在一次上滑翔课时，他结识了汉娜·赖奇（Hanna Reitsch），她后来成为德国最著名的女飞行员。汉娜是个漂亮、娇小的女人，和韦恩赫尔一样出生于1912年，其个性也是冒险家的类型。冯·布劳恩后来评价道："汉娜是我一生中遇到的最勇敢、最无畏的女孩。"[18]他们结下了终生的友谊。他们相识时，汉娜正在佩内明德当试飞员。韦恩赫尔长得很有吸引力，是一个英俊、高大、迷人的男人。他金发碧眼，脸上带着孩子气的微笑，行为举止无可挑剔，是"一个完美的……北欧雅利安人"[19]。在火箭试飞场上，他被称为"阳光男孩"[20]。但是直到三十五岁，他都一直单身。

1931年夏季学期，韦恩赫尔·冯·布劳恩在苏黎世联邦理工学院学习。有报道说他曾在租住房里做

汉娜·赖奇

实验，把老鼠放置在一个自行车轮毂中一直不停转圈，直到它们死掉。冯·布劳恩试图找到死因，并以此证明载人太空探险的可行性。

1932年6月，《展望》杂志发表了一篇题为《液体燃料火箭的秘密》的文章，二十岁的冯·布劳恩以科普的形式介绍了火箭研究的发展状况，同时呼吁促进火箭技术的推广。他讨论了液体燃料火箭的优点，解释了后坐力原理，描述了火箭发动机的设计细节，最后很夸张地声称，"液体燃料火箭当前已经可以轻松达到 4000 米的爬升高度"。更大胆的说法是，"现在有可能制造出爬升高度达 50 或 100 千米的火箭，这也不是特别困难"。其实，直到 1942 年，A4 火箭才达到 85 千米的高度。然而，所有这些项目到当时为止都以失败告终，他认为这"仅仅是由于资金缺乏问题"。为了吸引潜在资助者的兴趣，他设计了 4 个项目：一个用于大气研究、地球观测和气象学的火箭；一个用于远程邮政火箭；一个用于洲际快速客运的火箭飞行器；一个用于长期的登月火箭项目。[21]

由于长期缺乏资金，柏林火箭试飞场不得不挖空心思，采取各种方式来为太空航行做宣传，无论是公开展示火箭发射，还是在科普文章中做出过于乐观的承诺。但是工业界还是在经济危机最严重的时候退缩了，政府部门也持谨慎的态度。只出现了一个例外，它决定了火箭项目的命运，也将成为冯·布劳恩个人事业发展道路上的决定性因素。

为国防军研制火箭（1932—1934）

德国国防军的陆军武器局推动了德国火箭研究的发展，同时为其指明了新的方向。在秘密进行的重整军备的过程中，他们考虑制造一种能超越巴黎大炮的新型远程武器。在第一次世界大战期间，巴黎大炮就已经能够达到125千米的射程。在这一过程中，陆军武器局利用了《凡尔赛条约》中的漏洞，条约没有考虑到新式武器的发展。

最近的研究表明，陆军武器局从1929年开始就已经对德国火箭研究施加了很大影响，这与之前的有关说法大有不同。此前，大多数人认为至少在1942年之前，政治和技术是分离的，因此拒绝承认火箭设计师参与了纳粹政权并与其罪恶的政策有染。以前认为，冯·布劳恩和他的同事们是在不受外部限制的情况下开展研究，专注于液体燃料火箭设计的技术问题。然而，原始资料表明，并非如此。[22]

早在1929年，弹道实验部门负责人、后来的陆军武器局负责人卡尔·贝克尔（Karl Becker）上校就获得国防军批准，对固体火箭开展研究，其目的是将其作为化学武器的载体。瓦尔特·多恩贝格尔（Walter Dornberger）是他的同事之一。从 1930 年开始，贝克尔为液体燃料火箭的工作提供资助，包括为内贝尔与奥伯特小组的实验提供了 5000 帝国马克，还为他们的火箭试飞场安排了场地。

然而，在 1931 年春天，内贝尔和贝克尔之间的关系变得冷淡下来，因为内贝尔喜欢宣传吹嘘，这与陆军武器局的策略背道而驰。对于业余导弹爱好者来说，为了开拓市场而自吹自播是必不可少的；而另一方面，陆军武器局则希望秘密开发一种弹道导弹作为未来战争中的突袭武器。贝克尔不能接受泄露"液体火箭的秘密"，就像冯·布劳恩在 1932 年 6 月在《展望》上发表文章。该项目必须从公众视线中完全消失，陆军武器局必须不惜一切代价阻止种种宣传和曝光的活动。

1932 年年初，陆军武器局对内贝尔团队的能力和可靠性进行了最后一次检验，后者随即被纳入一项秘密的军事研究计划。贝克尔邀请内贝尔参加"米拉克"2号的发射展示，这是一种比"米拉克"更大的火箭。发射计划放在柏林郊外的库默斯多夫（Kummersdorf）陆军试验场进行，根据贝克尔的要求，"必须严格保密"[23]。冯·布劳恩也参加了1932年6月22日清晨的这场试射。业余火箭爱好者和武器专业人员的不同做法在此愈发明显："多恩贝格尔把我们带到炮兵测试场上一个隐蔽的地方，在那里有一大堆摄影经纬仪、弹道相机和计时仪，等等，我们此前压根儿就不知道竟然还有这些设备。"[24]"米拉克"2号的发射测试失败了，可能运输过程中在颠簸的林间小路上被损坏了。这是陆军武器局政策上的"决定性转折点"[25]，陆军武器局现在终于要同内贝尔保持距离了，他被指控提供虚假承诺。内贝尔那种随意的风格已经不再能够适应陆军武器局的要求，武器局越来越强烈地倾向于以一种严肃、科学的研究计划的形式将火箭研发工作牢牢掌握在自己手里。

瓦尔特·多恩贝格尔生平

1895年9月6日　　出生于吉森（Gießen）

1930 年　陆军武器局雇员

1934 年　在固体火箭部工作

1936 年　火箭研发部部长

1943 年 3 月　佩内明德陆军试验站站长

1943 年 9 月　火箭特别行动队负责人

1945 年至 1947 年　被英国监禁

1947 年　美国空军顾问

1950 年　贝尔航天研究部副总裁

1960 年　在墨西哥退休

1980 年 6 月 27 日　访问德国期间去世

属于韦恩赫尔·冯·布劳恩的时刻到了。鉴于火箭试飞场长期存在资金短缺问题，他鼓起勇气，于1932 年 7 月独自来到陆军武器局拜访贝克尔上校。此举证明了这位 20 岁的年轻人所拥有的强大自信，也表明了他为实现愿景愿意付出一切的信念。贝克尔和冯·布劳恩立刻与对方达成了共识，并一致同意在新的基础之上开展火箭研究工作。冯·布劳恩在回忆录中引用贝克尔的话说："从我们的角度来看，你干

在库默斯多夫的一名手持"米拉克"二号的陆军弹药管理员。拍摄于 1932 年

了太多哗众取宠的事情。如果你能专注于科学事实，而不是发射玩具火箭的话，那会更好。"他本人有策略地回应了这一批评："我的回答是，要是我们有必要的测量工具，我们会很乐意提供此类数据。"他取得了成功。贝克尔向冯·布劳恩"提供了一定的资金支持，前提是我们愿意躲在军队设施的围墙后面隐匿地开展工作"。[26]

冯·布劳恩毫无顾忌地选择参与了一个游走在法律边缘的秘密军备项目。多恩贝格尔后来坦白，该项目的目标就是推动"与《凡尔赛和约》不产生冲突的新型武器研发"[27]。与他的许多战友一样，他对导致希特勒夺权和纳粹政权暴行的政治发展"缺乏清醒的判断"[28]。

魏玛时期的大多数火箭业余爱好者都是"反动现代性"[29]的代表，是技术上进步和政治上保守的怪异混合体。冯·布劳恩也符合这一形象：他是一个具有民族主义的贵族，对他来说，"德意志共和国不合时宜，纳粹分子荒唐可笑"[30]。但与他的父亲不同，他认为自己超然物外。他代表了非政治的技术人员类型，即使是在纳粹统治的条件下，他也认为可以把技术和政治清清楚楚地区分开来。冯·布劳恩在1933年之前和之后都不是坚定的纳粹分子，他相当冷漠保守，缺乏明确的政治方向。他本人和他的个人利益是他思想和行动的中心。他是一个享乐主义者，以自我为中心，但最重要的是，他也是一个机会主义者，不想错过在1932年出现的机会。

即使是在1945年之后，冯·布劳恩也为他当时的决定辩护，认为"军队的财政资源和设施是通往太空航行的唯一实际起点"。那时"我们谁也没有想到火箭作为战争武器最终造成的破坏如此巨大"[31]。在他这篇文章的早期版本中，他甚至说自己"几乎没有道德上的顾忌"[32]。然而，1945 年后，他成功地制造出了一个神话，即加入国防军的武器计划是太空航行的第一步，直到大约 1943 年，火箭研究工作者还在很大程度上控制着这项事业的发展。这个传说只有几次受到质疑，例如，1952 年冯·布劳恩在《美国杂志》画报上公开承认："作为希特勒控制下的德国科学家，我负责 V2 计划，该计划制造出了纳粹在战争末期用于恐吓对手的致命导弹武器。"[33]

对于他们的同事从与贝克尔私下谈话后带回的建议，内贝尔和里德尔并没有表示出过分热情。对于服从军事控制和官僚程序这个方面，内贝尔甚少关心，他继续推行他的策略，用大夸海口的承诺来吸引赞助者投资这项令人生疑的项目。里德尔也在走自己的路，先是去了西门子公司，最后于 1937 年去了佩内明德。因为陆军拒绝延长租约，火箭试飞场不得不于 1933 年夏天关门，航天器协会也不得不在 1934 年停止活动。通过将业余火箭研究者纳入自己麾下，清除残余痕迹，陆军武器局成功地使火箭技术渐渐地从公众视野中消失了。1934 年的所谓的罗姆（Röhm）政变是一次纳粹党内部精心策划的大清洗事件，也是一次难得的机会，让像内贝尔这样执拗的人也冷静下来，对火箭研究实施一次全面的审查。

陆军从一开始就控制着导弹研究工作。他们的目标是开发军用液体燃料导弹。秘密研究计划最初步骤就是安排冯·布劳恩。贝克尔曾建议冯·布劳恩在柏林的弗里德里希·威廉大学攻读博士学位，同时在库默斯多夫的西区实验站工作。为此，他得到每月 300 帝国马克的研究津贴，并建立了一个小型实验室。冯·布劳恩于 1932 年 12 月 1 日以文职人员的身份进入德国国防军，并在 1932 年至 1933 年冬季学期就读于柏林大学。从开始在柏林技术学院读大学至 1934 年 4 月，仅仅四年，他就写出了题为《对液体火箭问题的建设性、理论性和实验性文献》的博士论文。该论文严格保密（甚至连题目也是保密的），直到 1960

年才得以出版。

从那时起，韦恩赫尔·冯·布劳恩就在德国火箭研究中担任关键职位。一开始，他在库默斯多夫的工作条件相当简陋："我的实验室是半个有天窗的混凝土坑……我的员工只有一个机械师，我的订单在一家炮弹工坊里凭空消失了，那里的订单已经堆积如山，都比我的优先级更高。大小官僚们办公桌上的材料需求清单根本处理不完。"[34]然而，早在1933年1月，一个简单的火箭发动机就测试成功了，它可以在60秒内提供140千克力的推力。冯·布劳恩团队的力量随后得到了显著的加强。经过几次修改，具有300千克力推力的一号机组（A1）设计于1933年7月完成，但在1933年年底或1934年年初的第一次试验中发生了爆炸。此类意外事件后来频繁发生。1934年7月，冯·布劳恩的三名员工在试验台爆炸时丧生。

这次失败后，陆军武器局下令进行根本性的设计更改，结果是制造出同样具有300千克力推力的A2火箭。在A2工作中，冯·布劳恩完成了他的博士论文，其中描述了从 A1 机组过渡到后续模型的研究状态，除了对燃烧过程的理论计算和对火箭发动机优化的考虑之外，还首次提出要对火箭发动机的效率和能耗进行实际测量。因此，他满足了贝克尔的要求，不为追求轰动效应而发射尚不成熟的火箭，仔细学习新知识领域的基础，并挖掘其（武器）技术潜力。冯·布劳恩写道："在这个框架内开发和组装的机组是一个纯粹的研究对象，尚未考虑其特定用途。"研究的任务"只是使在试验台上研发的单个设备……以实际可用的形式协同工作"。[35]这句引言的有趣之处就在于冯·布劳恩全力以赴去优化的技术与其预期用途的分离，他完全不考虑其用途。

尽管当初规定了将研究局限于理论范围，但在1934 年 12 月 19 日和 20 日，还是有两枚名为"马克斯"和"莫里茨"的 A2 火箭发射升空，出于保密和安全的考虑，发射在博尔库姆（Borkum）岛进行。这两枚火箭都没有辜负人们的期望，达到了大约1700 米的峰值高度。这一成功标志着火箭研究第一阶段的结束，它为一项新技术奠定了基础，由此打开了开发大型弹道火箭的新视野，仅仅八年后新型火箭就在佩内明德进行了首飞。业余研究的时代已经不可逆转地结束了，继续进行的将是大规模研究。

此外，火箭研究也引起了军方与政界的兴趣。从1933年秋开始，纳粹权贵们在库默斯多夫互相勾结，甚至连阿道夫·希特勒本人也于1933年9月对此处进行了第一次访问，紧接着研究资金有了可观的增长。军队牢牢控制着火箭项目，纳粹政权密切关注着火箭项目，火箭研究从未与纳粹主义分离。佩内明德的传说中一再塑造的二者分离根本就是谎言。

第 2 章

效力于纳粹德国

佩内明德（1935—1939）

在成功发射"马克斯"和"莫里茨"两枚火箭之后，冯·布劳恩与各部委联系，筹集资金继续他的工作。这个时机相当有利，1935 年 3 月《凡尔赛条约》破裂了，德国国防军开始重新武装。德国空军首先获益，他们对火箭技术也相当感兴趣。在赫尔曼·戈林（Hermann Göring）的"黄金时代"，突然之间一切事情变得可能了，只要它显示出与军备具有相关性。在这样的政治背景下，有陆军和空军的共同支持，佩内明德的研究能力得到大规模提升，随后几年里取得巨大技术进步也就不难理解了。

1935 年 6 月 27 日，空军和陆军武器局代表在库默斯多夫举行会议，这可以被认为是佩内明德的诞生之日。冯·布劳恩准备了一份立场文件，建议将研制德国空军火箭飞行器（Heinkel He 112）和陆军液体燃料火箭（后来的 A4/V2）的工作汇集在一个地点。这个在策略上非常聪明的提议，让财政经费充足的空军参与进来，它后来承担了佩内明德东区军事设施建设费用的一半。

此外，冯·布劳恩提出了一个由国家资助的大型研究机构的方案，这与大学的基础研究和工业研究有着根本的不同，所有重要的工作都要集中在一起，在国家的管理下进行。在佩内明德创建的非大学大规模研究模式后来成为全世界的典范，特别是在航天和核研究方面。

对这一方案起决定性作用的是保密问题，陆军武器局希望新技术在首次使用时能让敌人大吃一惊，要不惜一切代价避免过早地被广泛采用。冯·布劳恩"极为重视这项协议，即……不向工业界提供各种图纸和施工文件"。[36] 冯·布劳恩以一个方案概念策划者的形象出现，尽管他只有二十三岁，但他积极推动并产生了重大影响。他与瓦尔特·多恩贝格尔对"集中统领方案"达成了一致。多恩贝尔格从 1936 年 5 月开始领导陆军武器局的火箭研发部门（武器测试第十一处），促进并监督佩内明德的工作，且保护它免受外部干扰。两人团结一致，亲密合作，成了德国火箭项目的核心人物。

既然两个单位都对火箭研究感兴趣，冯·布劳恩就巧妙地利用这种情况来实现自己利益的最大化。他雄心勃勃，郑重考虑是否改投空军门下，这还不仅仅是钱的问题，空军的军官们"年轻、进取和善于接受新鲜事物"[37] 的风格对冯·布劳恩来说也很有吸引力，陆军则行动迟缓，官僚作风严重。下面这段插曲就能很好地解释冯·布劳恩的机会主义行为。自 1935 年以来，他一直在研究 He-112 火箭飞行器，航空研究负责人沃尔夫拉姆·冯·里希特霍芬男爵（Wolfram Freiherr von Richthofen）提供了 500 万帝国马克以支持他的工作。当冯·布劳恩把这事告知他的上司，现在的陆军武器局"武器测试部"负责人贝克尔时，贝克尔愤怒地说："这些德国空军的暴发户。我们刚刚取得一点有意义的进展，他们就想从我们这里把它偷走。"当被问及是否想跟进时，这位上司回答说："没错！我打算在冯·里希特霍芬那500万的基础上再追加600万。"就这样，突然之间，大量的资金流向火箭研究项目。再次引用冯·布劳恩的话："从前我们东拼西凑，节俭度日，每年的预算都从未超过8万帝国马克，现在一下子搞成了美国人所说的大研究。从此时开始，百万百万的资金朝我们涌来，我们想要多少就有多少。"[38]

冯·布劳恩让两个赞助单位互相竞争，从而建立了一个装备齐全的国家火箭研究所。这一策略保证了它至少在1939年之前有一定的自主权，它不再像以前那样完全依赖陆军武器局，同时还参与空军的项目。这是冯·布劳恩追求政治利益的明确风格。很小的时候他就学会了如何去实现自己的目标，即使是面对有影响力的人。他利用这种天赋取得了相当重要的地位，还能够说服和激励别人，为他所谋划的事业而奋斗。

1936年4月，佩内明德的建筑工程开始了。

1937年5月，各种设施相继建成，其中西部归空军使用，东部则由陆军使用。然而直到1939年，佩内明德都一直是个大型建筑工地。冯·布劳恩于1937年5月15日被任命为佩内明德陆军试验场（HVP）技术总监。东区从1938年开始就被正式称为佩内明德陆军试验场，他领导研发部门。二十五岁的年轻人就被委任这样的职务，着实令人惊讶。但冯·布劳恩不仅在库默斯多夫取得了相当大的技术成就，而且还领导着90名员工，这展示了他的领导素质和组织能力。

在佩内明德，最初有350名员工隶属于他的指挥，这个数字很快就增长到几千人。他身边聚集了几位老朋友，包括克劳斯·里德尔。奥伯特和他的弟弟马格努斯也被带到了佩内明德。然而，任技术总监是有条件的。1937年11月12日，韦恩赫尔·冯·布劳恩继5月1日之后再次递交加入纳粹党的申请。对在这个政权中担任领导职务的人来说，这是必须迈出的一步，但他后来小心翼翼地从所有回忆录中都删除了这段经历。[39]

佩内明德东部的工作计划已经在 1936 年 3 月的一次会议上得以确认，多恩贝格尔、冯·布劳恩和瓦尔特·里德尔（Walter Riedel）负责确定 A4 火箭的配置需求。在具备 25 吨力的推力的情况下，一次发射"一吨燃料就可以将火箭送到 250 千米外，是巴黎大炮射程的两倍。"[40] 此外还需要具备高精度（后来证明这不现实）和符合特定尺寸，以便通过铁路将火箭运送到部署地点。A4 火箭并不是作为军民两用的全能装置而设计的，它明显具有军用特征。

在如何看待自己的过去这个问题上，冯·布劳恩有一种典型做法，他先将这些会议的日期放到 1938 年，然后再改到 1937 年，并声称他完全不知道这些计划："有人说 A4 或 V2 从一开始就被设计成摧毁伦敦的武器，这样的说法完全不符合事实。"[41] 尽管对平民目标的攻击直到 1941 年才考虑，但冯·布劳恩和他的团队从第一天工作起就是在开发武器。

多恩贝格尔早在 1936 年就有了超越 A4 的计划，他为此建造的试验台可适用于发射推力高达 100 吨力，即四倍于 A4 功率的更为强大的火箭。然而，

1937 年的工作重点是完成 A3 火箭。该火箭被设计为包括控制系统在内的许多新技术的测试载体，控制系统是点火后纠正火箭轨迹，从而提高命中精确性所必需的装置。在早期，主要目标是设计一个功能性的液体火箭发动机，以使发射体首先能离开地面。1935 年后，主题越来越分散，触及各种专业领域，如超音速空气动力学或电子控制，几乎没有哪一个参与项目的火箭设计师能拥有如此系统的知识结构。为了处理这些子问题，成立了一些单独的部门，并且建造了复杂的装置，包括一个大型风洞、一个电子实验室和一些试验台。资金倒是很充裕。在佩内明德东区的装置设备总建筑成本达到 5.5 亿帝国马克。

A3 是第一种配备了内部控制系统的火箭，该系统在陀螺装置的帮助下记录偏差并启动相应的补偿运动，以保持运动路线的稳定。然而，1937 年 12 月从佩内明德以北的格赖夫斯瓦尔德·奥伊岛（Greifswalder Oie）发射的所有四枚火箭都宣告失败。必须完全重新设计控制系统，以这种方式改装的火箭被称为 A5，"以避免打上以前失败的印记"[42]（A4

的标识已使用过）。A3 的失败对火箭团队来说是一个教训，技术飞跃不能指望一蹴而就，而是只有通过系统、持续的研究计划和充分的测试才能实现。

从 1938 年 10 月开始，无人操纵型 A5 火箭进行了几次发射并都取得了成功。1939 年秋制造出了首个带有新控制系统的 A5 火箭，运行同样也没有任何问题。冯·布劳恩团队现在有了一个可靠的测试载体，凭借这个载体，他们在接下来的两年里进行了一系列测试，这对 A4 的设计非常有利。火箭达到了 13 千米的高度，并首次测试了火箭偏转到打击地面目标所需的弹道轨道。此时的偏差范围缩小到了 18 千米以内。冯·布劳恩和他的同事们在 A5 火箭上取得了巨大的技术进步，这"为作战型火箭 A4 扫清了道路"。[43]

将成功经验应用于 A4 时产生了许多问题，但这些问题在惊人的短时间内得到了解决。按照迈克尔·纽菲德（Michael Neufeld）的解释，这场"火箭技术革命"[44]的成功离不开军方对火箭研究的大力推动，离不开其集中统筹，有像韦恩赫尔·冯·布劳恩这样的魅力人物担任领导，以及系统科学的工作方法。

冯·布劳恩领导风格在于，他将领导权威和同事之谊进行了独特的糅合。他是一个缺乏耐心的推动者，他专注于项目的成功，要求员工遵守纪律，全心投入。他通过亲自参观车间和实验室来检验和确保达到最高质量。他指导建立了一个紧密的控制系统，对任何不良的发展苗头都可以做到早期预警。然而，他从来没有让员工感觉自己是在做别人决定的工作。他尊重每一个人，即使在困难的情况下也总是能保持积极的基调，促使他们一起努力。这就是佩内明德传奇的团队精神，其基础是他们有魅力型的领导。

冯·布劳恩有一种特殊的能力，可以让他的员工为实现一个目标而共同奋斗。"冯·布劳恩不'主持'会议，而是把会议这个词落在字面意思的实处，即开会议论，在这个过程中他的同理心和敏锐度会表现得相当明显。他从自己的实践中了解大部分问题所在，如果不是这样，他就从本能出发去理解问题。"尽管冯·布劳恩确实允许公开讨论，但与此同时，毫无疑问是由他一个人来确定路线方向："他一再证明自己有能力立即发现问题或辨明情况，当在场的人还需要去理解接下来会发生的情况时，他就已经有了解决办法，并几乎总是获得一致通过。"[45] 他是无可争议的"族长"，"当冯·布劳恩提出一个问题时，他在脑海中已经准备好了一个可能的答案。他的问题有助于证实他的想法，填补仍然存在的漏洞"。[46]

A4 的工作始于 1939 年年初，1942 年 10 月 3 日就成功地进行了弹道液体燃料火箭的首飞。最重要的任务是开发大功率的火箭发动机。这是一项重大挑战，但推进组负责人瓦尔特·蒂尔（Walter Thiel）掌握了它。他开发的发动机于 1941 年 9 月 15 日制造完成。当年 10 月，第一次用完整的火箭进行了试验台测试，但发生了爆炸，并对设施造成了相当大的破坏。

与此同时，整个政治和军事形势都发生了变化。陆军武器局越来越急于推动完成火箭研发及部署，最初计划在 1941 年年底完成。在这种外部压力下，1942 年春首次冒险启动发射了一枚 A4 火箭。1942

年3月的第一次尝试失败了。第二次是在6月13日，同样以失败告终。1942年8月16日的发射至少算是取得了部分成功，而在1942年10月3日，一切都得以按计划进行。火箭在85千米高度的弹道轨道上飞行了190千米，达到的最大时速为5500千米。

发射升空后的A4火箭

冯·布劳恩充满了"自豪和满意之情"[47]。在场的人欢呼雀跃，瓦尔特·多恩贝格尔发表了一番充满激情的演讲。他在演讲中谈到，通往太空的大门现在已经打开。[48]事实上，火箭已经进入了太空，但这只是因为没有其他方法可以将弹头运送到如此远的距离，而且火箭爬升得也比预期的更为垂直。但它的主要目的是用于军事，并未优先于执行太空任务。

随后，佩内明德火箭研究人员越来越清楚地感觉到，纳粹政权感兴趣的首先是一种可用的武器。1942年10月3日的欢庆时刻可能滋养了一种错觉，即研究者可以继续独立推动火箭的发展。然而，事实上，火箭研究与纳粹体系密切相关，否则永远不可能有如此快速的技术进步。此外，德国自1939年以来一直处于战争状态，其过程对侵略者来说越来越不利。如果说火箭研究和纳粹政策的人为分离这一谎言直到1939年前还显得有一定合理性的话，那么在战争开始后就完全是一派胡言了。佩内明德火箭团队以极大的热情为希特勒和他的追随者们制造了一种武器，并在那里做了比他的爱国职责更多的事情；纳粹德国的高层毫不犹豫地回应了他们，并推动将此项新技术用于军事用途。

在战时经济的漩涡中（1939—1942）

如果说直到1939年9月战争爆发前，火箭研究中心对所有想象得到的项目还具有某种完全支配权的

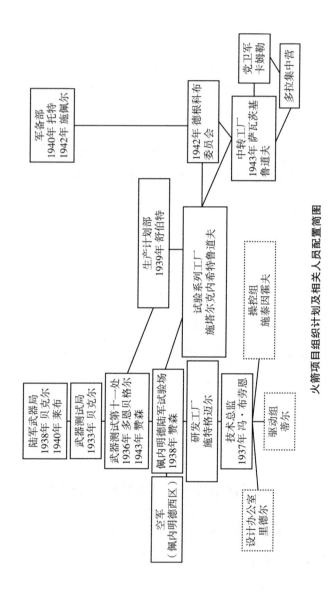

火箭项目组织计划及相关人员配置简图

话，那么这种情况受形势所迫不得不有所改变了。纳粹德国在欧洲横行，它需要为占领行动提供大量资源。德国袭击波兰（1939）、法国（1940）和苏联（1941）的行动不仅需要大量士兵和军工工人，而且对弹药和战争装备也有巨大的需求。像 A4 火箭这样的项目，其军事用途尚不清楚，但却消耗了大量的技术人员和宝贵的原材料，现在就得面临为自己辩护的压力。对于佩内明德的人来说，争取优先权的时期开始了，他们需要努力争取钢铁配额和优先级别，而火箭团队总是能够做出有利于自己的决定。尽管"战争局势的起伏"[49]也反映在佩内明德，但 A4 火箭的工作进展快得惊人。

如果一个人想要正确地理解 1939 年至 1940 年火箭项目所面临的局面，首先就必须考虑到多恩贝格尔的战略，因为自 1937 年以来他就已将可部署于战争的系列火箭产品列入优先发展计划。雄心勃勃的他一再使火箭团队陷入困境。冯·布劳恩认为在完成研发工作之前去考虑生产还为时过早。尽管如此，多恩贝格尔还是于 1939 年 1 月在陆军武器局成立了一个分部，其任务是在 1943 年前建成佩内明德的火箭工厂。这个试验系列工厂每年应当可以生产 1500 枚 A4 火箭和 500 枚 A10 火箭，后续型号的功率是原来的四倍。正如多恩贝格尔的回忆录和基于它的那些制造传奇的文献所披露的那样，正是多恩贝格尔让火箭项目遭遇到了重重困难，而非希特勒，现在除了要精心设计 A4 以外，还要为建造火箭工厂而斗争。

总体形势对多恩贝格尔的计划相当不利，他几乎得不到任何人力和物资。唯一的机会是元首下令给予佩内明德最高优先级。因此，为了得到这个机会，在他的安排下，希特勒于 1939 年 3 月 23 日在贝克尔和陆军参谋长瓦尔特·冯·布劳希奇（Walter von Brauchitsch）的陪同下访问了库默斯多夫的佩内明德分部。像往常一样，冯·布劳恩在这种场合的任务就是展示火箭项目。他能够吸引观众，并以外行人可以理解的方式去讲解复杂的技术背景。他喜欢使用火箭模型和彩色图表进行说明。他的整个举止使他成为火箭项目的宣传形象代言人。他的同事们开玩笑地称他为"太空航行嘉年华演说家"。[50]

但希特勒不为所动。冯·布劳恩后来说："我的印象是，希特勒对我们引以为傲的 A5 不屑一顾。"[51]此外，他还隐隐感觉到希特勒不能理解他的演示。这对火箭团队来说是一次不寻常的经历。多恩贝格尔无法理解，"在看到火箭喷气阀急速喷发出大量气体，火光四射，能量以可见的形式发出雷鸣般的巨响之时，居然会有人既不兴奋，也不着迷或投入，还那么无动于衷"。从多恩贝格尔的角度来看，那些对火箭不感到欣喜若狂的人就是落后和不合时宜的："我明白了，希特勒……不理解火箭对于未来的意义。……他对科技

瓦尔特·多恩贝格尔在佩内明德的办公室

的进步毕竟还是缺乏感觉。"[52]

希特勒有他自己的计划，但他不需要火箭技术来实施这些计划。1939年年初，他的主要目标是在短时间内让德国为打一场重大战争做好准备。因此，多恩贝格尔指示冯·布劳恩在任何情况下都不要触及太空航行的话题，而是专注于火箭技术的军事相关方面。希特勒也是在这个点上插话询问了A5火箭的有效载荷问题。对这个问题的回答是："A5只是一种研究火箭。它所能携带有效载荷不值一提。……但是我们用这种型号的火箭在佩内明德做的所有实验都非常清楚地表明，我们可以制造出更大的火箭用于军事目的。"[53]除了空洞的承诺，火箭团队什么都没有，没法打动希特勒使他下令大规模生产。

希特勒允许佩内明德的研发工作不受阻碍地继续进行，只是否决了他们进行系列生产的准备工作，这实在是令人惊讶。尽管如此，冯·布劳恩脸色阴沉地总结了希特勒的这次来访："这次访问后，可以预见我们在库默斯多夫面对的是非常重大的问题。那些没有站在希特勒一边考虑问题的人必须做好应对各种情况的准备。如果希特勒对我们的火箭持怀疑态度，那我们将来能从哪里得到资金和支持呢？"[54] 与他自己的言论相反，冯·布劳恩对政治现实有清醒的认识：他知道，只有与纳粹政权合作并制造用于战争的火箭，他才能继续他的工作。太空航行的主题可能仍然在他的幻想和梦想中发挥着作用；然而现实看起来已经与 1936 年之前，至迟 1939 年之前完全不同。

尽管希特勒的来访没有取得令人满意的结果，但多恩贝格尔成功地解决了战争初期发生在佩内明德的问题，特别是征兵问题。只有将火箭项目列入战时重大计划，才能避免重要人员的流失。在战争开始几天后的 1939 年 9 月 5 日，冯·布劳恩就被说服采取这一行动，但作为回报，他要求多恩贝格尔加快 A4 的开发和火箭工厂的建设，以便最早在 1941 年 9 月就开始火箭生产。多恩贝格尔参与了这个冒险游戏，而这个项目则深陷"出于政治原因，而缺乏任何现实条件的时限压力"。[55]

为了不失去政权的支持，冯·布劳恩和他的同事不得不大大加快开发适用于战争的火箭，并在完成第一步开发之前完成第二步生产。随着战争持续的时间越来越长，由多恩贝格尔领导的火箭团队已经把自己推上了一条越来越绝望的死路。个人只是履行自己的职责，根本不进一步去考虑后果。后来的传说以一种不可靠的方式简化了这些联系，他们把所有问题都归咎于希特勒。多恩贝格尔说，佩内明德"只分配到了些勉强糊口，维持生计的东西"。[56]冯·布劳恩也表达了类似的观点："人们不相信我们的工作。……看上去我们的小铺面很快就不得不关门大吉了。"[57]佩内明德遇到的情况根本不是有意的针对，而是在战争初期到处都普遍存在的问题。令人惊讶的是，佩内明德不仅毫发无损地度过了这段动荡的岁月，其体量还得到了增加。员工从1938年初的400名增加到1939年9月的1200名，1941年年末增加到了3500名。根本看不出被忽视或被威胁关停。

1939年11月，再次尝试获得更高钢铁配额的努力也失败了，希特勒坚持自己的政策，对任何超出先前计划的项目都不支持。他坚持自己的路线，只有在火箭证明其适用性后，他才允许其扩大产量。在后面的陈述中，这却完全颠倒了过来。例如，他后来说："但是希特勒在1939年11月23日取消了对佩内明德的一半物资分配，从而几乎使整个项目陷入停滞。"[58]同样错误的说法是，希特勒在1940年春将佩内明德"从紧急事项名单中删除"。[59]希特勒没有火箭团队所拥有的那种无限热情，但他对佩内明德的行动不加干涉。多恩贝格尔对此有不同的看法，他的命运不仅取决于火箭开发的快速进展，还与批量生产息息相关。这也许可以解释，为什么他对任何挑战他执行最大限度计划的措施都很敏感。

佩内明德不得不一次又一次地处理要求其缩短周期的威胁，将自己列入战争急需的项目等级。这种混乱局面到了1940年、1941年仍然持续存在，但陆军试验站的必要性从未受到过严重质疑。尽管开发A4火箭的军事价值仍然值得怀疑，但它保留了战时项目的资格。1941年2月，希特勒下达命令再次确认佩内明德的研发工作具有最高优先级，因此这里又得到了全面的支持。

这是令人惊讶的。陆军武器局不得不承受越来越多的批评，它未能完成其主要任务：向战斗部队提供武器和弹药。由于急需的资源被分配给佩内明德，前线的供应停滞不前。希特勒不能再容忍这种情况，他于 1940 年 3 月任命弗里茨·托特（Fritz Todt）为军备部长，负责突破武器生产中的瓶颈。这是对陆军武器局的公开侮辱。贝克尔无法面对这些批评和指责，于 1940 年 4 月 8 日自杀，佩内明德因此而失去了一位杰出的倡导者。好在，继任的埃米尔·莱布（Emil Leeb）证明了自己同样是火箭研究的热情推动者。

新成立的军备部成了严重的威胁。托特的任务是重组战争经济，着重服务于袭击苏联和英国的计划。他对火箭项目大加批判，特别是批评了充斥于佩内明德的奢华："在今天的佩内明德，他们创造了一个天堂。住房、福利设施、赌场、公寓、仓库、工厂车间，所有这些都是人们所能想到的最高级别。我坚信，只建造为实现战争目标所必需的东西就够了，5500 名建筑工人足以实现计划。"[60]

鉴于这种危险的局面，多恩贝格尔为该项目设计了一种新的营销策略。为了强调 A4 火箭在即将到来的与英美发生冲突情况下的重要性，他在 1941 年年中提出袭击英国城市，同时发明了"美国火箭"A9，一种旨在袭击美国主要城市的洲际火箭。他调整了火箭项目的策略，很巧妙地使其适应了军事形势的变化，从而再次赢得了纳粹领导层的青睐。多恩贝格尔是一位有进取心的实干家，拥有出色的销售才能。旧的承诺还未兑现，他已经做出新的承诺。冯·布劳恩是后面那个受苦受难的人，要跟上不切实际的时间表，他的压力巨大。

瓦尔特·多恩贝格尔和韦恩赫尔·冯·布劳恩

在这种危急的情况下，火箭团队也寻求直接与希特勒接触，以便从最高当局获得关于火箭计划未来的决定。1941年8月20日，多恩贝格尔和冯·布劳恩获准在元首总部作报告。希特勒这次的反应更加积极。显然，元首关注针对英国的恐怖武器，与英国的空战让他第一次品尝到军事失败的苦涩。希特勒现在强调："这一发展对全世界的战争具有革命性的重要意义。因此，每年只部署几千枚是不明智的。如果要部署它，那每年就必须制造和发射数十万枚。"[61]鉴于1941年的技术发展状况和制造如此多的火箭的巨大耗费，这些数字实在太过荒谬。

但是多恩贝格尔已经实现了他的目标。根据1941年9月15日希特勒的命令，对A4火箭给予了最高的紧迫性级别，"第一批作战设备的预期计算数据在实践中得到确认"[62]后，还会发布大规模生产的命令。他坚守自己的路线。无论多么不切实际，多恩贝格尔的计划现在得到了最高当局的赐福，这意味着纳粹国家的所有机构都会为此提供最大支持。值得注意的是，多恩贝格尔的回忆录和其他前佩内明德成员的记述都没有希特勒这次演讲和随后下达的元首命令的资料。冯·布劳恩也不例外。他在叙述 1943 年拜访希特勒时说，"我最后一次见到他是在 1939 年的库默斯多夫"。[63] 这与历史真相不符。要是他公开承认与希特勒沆瀣一气，那么他在 1943 年前的所作所为将要受到惩罚，他也应该在 1945 年站上绞刑架。

也有人说，正是由于有这些阻碍，推迟 V2 的部署，纳粹才灭亡了。事实恰恰相反：火箭研究的条件是最佳的，但仍有许多技术问题需要解决，此外，没有装备核弹头的短程火箭在军事上毫无价值。多恩贝格尔应该知道这一点，但他太过专注于他的项目，以至于无法进行清醒的成本效益分析。有人说这是原本可以拯救纳粹政权的奇迹武器，这个谎言揭示了火箭研究人员与纳粹主义的关系。有人一次又一次地说，如果希特勒及时认识到火箭的重要性，"世界的命运可能会大不相同"。[64] 例如，1944 年盟军的进攻预示了德国的最终失败，他们认为德国本可以凭借 V2 击退这次进攻。即使在此之后，火箭研究工作

1941 年，军备部长弗里茨·托特（前排，左三）访问佩内明德。在他的右边是瓦尔特·多恩贝格尔；前排左七是韦恩赫尔·冯·布劳恩。前排左二是莱布将军，在他身后右方的是施工负责人海因里希·吕布克（Heinrich Lübke），后来成为德意志联邦共和国总统

者也对他们没能成功拯救希特勒政权表示遗憾。他们是爱国者，为祖国所做的事超出了自己的义务范围，不论是在 1945 年之前或之后，他们在这方面都没有问题。

1941 年之后的数年里，多恩贝格尔就是项目的推动力。他做出了关键决定，大力推进火箭项目。具体分工是多恩贝格尔负责柏林的政治事务，冯·布劳恩领导佩内明德的研发工作。佩内明德火箭项目中的

两个关键人物之间的关系很亲密，但并非完全没有冲突，他们追求的利益并不完全一致。多恩贝格尔的目标是迅速生产出一种战争火箭，同时他低估了一些问题。而冯·布劳恩则与之相反，他主要对研发工作感兴趣，当有吸引力的新主题出现时，可部署火箭的目标通常就会退居二线。1941年秋天，当两枚A4火箭在试验台上爆炸时，多恩贝格尔向佩内明德发送了一份措辞尖锐的备忘录，他在其中敦促冯·布劳恩要亲自参加每一枚火箭的前三十次测试，因为这对佩内明德来说是"生死攸关"[65]的问题。他感到特别恼火的是，冯·布劳恩独自在全国各地旅行，并多次与空军进行有关讨论。多恩贝格尔不得不敦促所有人员都集中精力去完成A4火箭。因为他在过分乐观的承诺中走得太远，承受着巨大的压力。

由于在太空航行的问题上存在明显的分歧，于是冯·布劳恩用佩内明德这个"天堂"为自己创造了追求未来主义思想的自由空间。1941年夏季和秋季，在A9和A10洲际火箭和载人A9火箭上投入了大量工作。多恩贝格尔对这样的木来项目持怀疑态度，尽管他后来不厌其烦地强调，我们"从一开始就希望到达太空"。然而，这样的计划在 1941 年是没有讨论意义的。他批评冯·布劳恩陶醉于"宏伟、盛大、不可估量和遥不可期的未来"，"我不得不让他停下来"，"我不得不一次又一次地把他带回艰难的现实，带回日常生活"。[66]

冯·布劳恩并没有全心全意地按照上级的要求去跟进用于战争的火箭项目。另外，多恩贝格尔对佩内明德团队必须解决的复杂问题缺乏理解。1942 年年初，有人指责他们正在建造一个"飞行实验室"[67]，而不是准备大规模生产，这清楚地表明指控者对在佩内明德发生的事情知之甚少。火箭团队取得了巨大的进步，对此，冯·布劳恩的敬业精神和领导风格做出了重大贡献。但创造力不能被监管方式所束缚。尽管如此，多恩贝格尔还是收紧了缰绳，并下令将所有工作集中到 A4 火箭上，目标是在 1942 年年初完成首次发射。从 1941 年秋天开始，冯·布劳恩就承受着制造火箭的压力。只有少数关系到未来的项目仍在秘密进行。

他以自己的方式把这种压力传递给了他的团队。他坚持要完成任务，这需要承担繁重的工作量。他几乎没有空闲时间。实验室里摆放着行军床，可以让他在两次测试之间短暂地打个盹。这种疯狂的生活是佩内明德精神的源泉，这是一个献身事业的男子汉团体的神话，他们团结奋斗创下了非凡成就。团体认同感还表现在他们仪式般的行为中，例如他们会在竖起来准备好要发射的火箭上画上时髦女郎，这种做法无疑象征着阳物崇拜，后来在美国也是如此。

元首于 1941 年 9 月下令批量生产。多恩贝格尔对冯·布劳恩的约束也预示了火箭项目在未来数年将要走的道路。现在的目标是大规模生产功能性战争导弹，而不是搞液体推进领域的基础研究。该项目得到了纳粹政权的全力支持，因此不再像前些年那样害怕引起别人的愤怒和不满。

尽管希特勒要求每年生产数十万枚导弹，但多恩贝格尔在 1941 年年底武断地将生产数字定为每年5000 枚。而这仍然是一个非常高的数字，这是目前正在建设的佩内明德试验系列工厂无法完成的。因此，需要建造更多的火箭工厂。然而，起初几乎什么也没有做成；战争造成的秩序和经济问题阻碍了这一雄心勃勃的计划，佩内明德正全力做好 A4 的发射准备工作。只有 1942 年 10 月的成功发射才能让多恩贝格尔有机会重新提交批量生产的许可申请。由于来自工业界、军方和政治领导人的批评越来越多，他承受着巨大的压力。此外，德国空军还启动了 Fi 103 导弹（即后来的 V1）这样一个竞争项目，该项目进展更快，成本也便宜得多。

然而，与此同时，纳粹政权内部的权力平衡发生了变化。军备部的力量得到增强，托特于 1942 年 2 月死于空难，他的继任者阿尔伯特·施佩尔（Albert Speer）延续了他的理念，更加积极地重组军备工业。对佩内明德来说，施佩尔的上台一方面是好运气，因为他对火箭技术持开放态度，也可以直接接触希特勒。另一方面，这个局面导致了陆军武器局和军备部之间的冲突，最终导致陆军武器局失去权力。火箭项目因此获得了新的活力。1942 年 11 月 22 日，施佩尔获得希特勒的批准，可以大规模生产 A4。做出这一决定的背景是，苏联在斯大林格勒发动反攻，战争进程发生戏剧性转折。在这种绝望的形势下，希特勒伸手去拿多恩贝格尔和冯·布劳恩一直向他吹嘘的那种奇迹武器。

然而，从原型机到成为可部署作战的系列产品，这需要将近两年的时间。1942年年底，正如韦恩赫尔·冯·布劳恩后来所确认的那样："瞄准精度仍然不能令人满意，以致火箭只能用于大面积目标，首先是伦敦。"[68] 从"飞行实验室"到可以大量生产的战争武器，这中间还有很长的路要走。最重要的是，A4在军事上仍然毫无价值，以可靠的精度将弹头投放到目标区域这一根本性的问题仍然没有解决。向批量生产的过渡很仓促，还造成了许多并发症。

奴隶劳工（1943—1944）

阿尔伯特·斯佩尔接管了A4系列火箭生产的准备工作，也将火箭项目的组织程序颠倒了过来。1942年12月，他在格哈德·德根科尔布（Gerhard Degenkolb）的领导下成立了A4特别委员会，以协调

A4 的生产。多恩贝格尔的活动能力被加以限制，而且佩内明德火箭团队也更多地参与了 A4 的生产，这超出了冯·布劳恩的期望，他现在只是 A4 最终验收小组委员会的负责人。多恩贝格尔试图限制委员会的势力范围，这是徒劳的。军备部和佩内明德之间的关系始终阴云密布，晦暗不明。多恩贝格尔不得不去处理如"（佩内明德）工厂的运行失控"[69]这样的指控。而冯·布劳恩的话也表明了他对委员会的厌恶，"这个（德根科尔布）委员会是佩内明德源源不断的烦恼的根源"。[70]

多恩贝格尔终于实现了他系列生产的目标，但却是其他人受益。他成了自己营销策略的受害者，火箭团队不得不承担这个后果。德根科尔布制定了一个完全不切实际的生产计划，迫使佩内明德、弗里德里希港和维也纳的三家工厂从 1943 年 12 月开始生产，每家工厂每个月要生产 300 枚导弹，这使冯·布劳恩承受了更大的压力。随后在佩内明德发生了动乱。驱动组组长瓦尔特·蒂尔申请离职；他身心俱疲。其他人也加入了进来，冯·布劳恩和多恩贝格尔竭尽全力也很难让他们的员工留下来。

但更糟糕的事接踵而来：向纳粹领导层的积极靠拢也使火箭项目引起了党卫军首领海因里希·希姆莱（Heinrich Himmler）的关注。党卫军在战争的最后几年变得越来越强大，特别是它以数百万集中营囚犯作为取之不尽、用之不竭的廉价劳动力，这对战时经济有着非常强大的影响。1942 年 12 月 11 日，希姆莱参观了佩内明德陆军试验站，在那里他看了些平常的"表演"（A4 火箭发射影片和冯·布劳恩的讲座）。多恩贝格尔认为他可以利用希姆莱作为中间人，安排自己去希特勒那里讲座。他再一次试图通过直接接触希特勒来消除自己道路上的阻力，使权力的天平朝对自己有利的方向倾斜。这是否是明智的策略姑且不论，佩内明德本来就属于最高优先级别并获得了丰裕的资金支持，尤其是施佩尔对该计划表示支持。事实证明，多恩贝格尔弄巧成拙了，对火箭项目造成了损害。从此时开始，冯·布劳恩的屋子里有了党卫军，他再也无法摆脱其影响，而且党卫军越来越清楚地让他感觉到究竟谁才是幕后的实际操纵者。

Eintritt in die ⚡	W.A. 1.5.40	185068
Eintritt in die Partei	1.12.38	5738692
		23.2.42

Dr. Frhr. Wernher von Braun

| Größe: *182* | | Geburtsort: *Wirsitz* |

H.-J. R. Winkelträger:		SA-Sportabzeichen Olympia
Coburger Abzeichen		Reitersportabzeichen Jahreszeichen
Blutorden Gold. HJ-Abzeichen		Reichssportabzeichen D.L.R.G. *x gold*
Gold. Parteiabzeichen Gauehrenzeichen		⚡-Leistungsabzeichen
Totenkopfring		
Ehrendegen		
Julleuchter		

| Beruf: *Dr. phil.* gelernt | | *Techn. Leiter Prof.* jetzt |
| Arbeitgeber: *Heeresversuchsst. Peenemünde* | | |

Volksschule Fach- od. Berufs.-Schule Handelsschule		Höhere Schule *x Abitur* Technikum Hochschule *x T.H. u. Univ. 8 Sem*
	Fachrichtung: Techn. Phys. Chemie, Experim. Prof.	
Sprachen: *Franz.*		

Führerscheine: *3, 3, III*		
Flugzeugführer: *B3, C. Kunstflugprüf.*		
Ahnennachweis:		Lebensborn

Dienstgrad	Bef.-Dat.	Dienststellung	von	bis
U'Stuf.	1.5.40.	b Stab-Oa. Ostsee	1.5.40.	
O'Stuf.	9.11.41			
Spt'Stuf.	9.11.42			
Stubaf.	28.6.43			
O'Stubaf.				

党卫军花名册上的韦恩赫尔·冯·布劳恩那一页

佩内明德与恐怖组织党卫军之间的界限变得越来越模糊。一些佩内明德人员不仅是纳粹党党员，也是党卫军成员。冯·布劳恩自1937年起就是纳粹党员，并显然是在压力下于1940年5月1日加入党卫军，此后多次得到晋升。这是党卫军将某些人与自己捆绑在一起的办法。冯·布劳恩之所以迈出这一步，可能更多的是出于机会主义而非拥有纳粹的信仰，从佩内明德留下的照片看，他极少穿他的党卫军制服。

向党卫军的靠拢也是基于佩内明德生产 A4 火箭需要大量人力这一现实的情况。数以百万计的军队在前线作战，需要军备生产高速运行，在这种情况下集中营囚犯就是人力资源了。早在 1942 年年初，陆军武器局就考虑过使用囚犯。1943 年 4 月 16 日，佩内明德试验系列工厂的总工程师阿图尔·鲁道夫（Arthur Rudolph）建议"使用囚犯"[71] 生产 A4。因此，使用囚犯的提议来自火箭团队，而不是像后来的

海因里希·希姆莱在佩内明德。在他右边是瓦尔特·多恩贝格尔

文章所说的那样来自党卫军或希特勒。

1943 年 6 月 2 日，鲁道夫向德根科尔布委员会提交了"对囚犯的要求，数量暂定为 1400 人"，"囚犯的最大使用量……应为 2500 人"。[72]第一支囚犯分遣队早在 6 月中旬就抵达佩内明德。他们的生活和工作条件与在其他集中营中没有区别。囚犯被当作牲口一样对待，食物很差，任务很重。由于没有为他们提供住宿，他们就只能睡在生产大厅里。因此，自 1943 年 6 月以来，佩内明德就存在一个集中营，这证明当时德国的火箭研究已经"深陷于纳粹政权的职能和统治机制之中"。[73]

在此背景下，希姆莱于 1943 年 6 月 28 日第二次来到佩内明德参观访问，多恩贝格尔希望借此促成与希特勒的会面。希姆莱插手火箭制造工作，在 5 月 6 日下令将佩内明德指挥官莱奥·赞森（Leo Zanssen）免职，认为他有安全风险。希姆莱以此明确宣示，从长远来看，谁将拥有对佩内明德的话语权。党卫军毫不掩饰地准备接管火箭计划。因缺乏劳动力而不得不依赖党卫军的佩内明德人落入了陷阱。

一直以来所渴望的同希特勒的会面在 1943 年 7 月 8 日实现了，冯·布劳恩和多恩贝格尔向他们的最高军事领袖放映了 A4 火箭在 1942 年 10 月首次成功发射的影片。希特勒此时对一举扭转战局的想法十分着迷，以至于他开始沉迷于自己的幻想，其方式令冯·布劳恩和多恩贝格尔都感到十分困惑。"观赏（这部影片）时，他显得很入迷。然后他在房间里走来走去，对着墙壁说话。在想象中，他一次性发射了数千枚导弹……他嘴里模仿着导弹爆炸时的隆隆响声。看来他很享受这样的景象。A4 突然间就成了他个人的发现。"[74] 希特勒一定意识到了 A4 不是决胜的奇迹武器。他问是否可以"将有效载荷减少到 10 吨，并且将每月的单位产量增加到 2000 个"。当得到的答案不如他意时，他咆哮道："但我要的是破坏性的，我要的是破坏性的效果！"[75] 多恩贝格尔的营销策略产生的效果已经脱离了他的控制范围。

冯·布劳恩当场被任命为教授，希特勒亲自签署了任命。此外，这次访问的影响极小。一些追求传奇效果的文献说，这次访问为火箭计划带来了突破，只是来得太晚，对战争没有决定性意义。唯一明显的效果是希特勒命令施佩尔尽快推进导弹生产，但这也不过只是施佩尔本人的政策。到1943年7月，佩内明德开始批量生产的准备工作已经完成。试验系列工厂已经建成，劳动力和原材料的供应也得到了保障。

然而，1943年8月17日夜到18日凌晨，英国空军袭击了佩内明德，摧毁了部分设施，包括部分试验系列工厂。尽管盟军早在1939年就收到了关于德国导弹活动的信息，但他们最初并没有认真对待。直到1943年6月，空中侦察才取得了明确的证据。于是，英国首相温斯顿·丘吉尔（Winston Churchill）下令对佩内明德发动大规模空袭。虽然陆军试验站有普通的防空条件，但作为一个大型军备综合体，它仍然是一个易受攻击的目标。此外，对保密措施完备的轻信也让人鲁莽大意。人们已经习惯了在前往柏林的途中经常飞越佩内明德的轰炸机中队。"先生们……仰望着明朗的天空，开着玩笑"[76]，冯·布劳恩的女秘书多雷特·克斯滕（Dorette Kersten）如是描述第一波炸弹落下前不久这里的氛围。英国人假

1943 年 8 月遭到英国空袭后的佩内明德

装要去攻击柏林，欺骗了德国人的防空系统，引诱他们派飞机到在那里去拦截，然后飞到佩内明德来投放炸弹。陆军试验站着火了，韦恩赫尔·冯·布劳恩和他的女秘书勇敢地从他家房子里抢救出了最重要的文件。

从白天的情况来看，损失并没有人们担心的那么严重。特别是宝贵的试验台、实验室和测试设施在袭击中基本无损。在顶尖科学家中，只有发动机专家蒂尔遇难。735 名死者主要是战俘和生活在特拉森海德

（Trassenheide）营地的强制劳工。由于目标标记错误，这个营地被完全击中。那些试图逃离大火和炸弹的人"要么被党卫军守卫射杀，要么被狗赶回去"。[77]英国的轰炸是冯·布劳恩回忆录中唯一一段谈到使用强制劳工的段落。他将这些人的死亡归咎于英国人，而不是那些强迫他们为德国火箭项目工作的人。[78]

佩内明德所遭遇到的是不幸中的万幸。尽管如此，火箭项目的脆弱性显露无遗。为了防患未来遭遇空袭的风险，相当多的设施被转移到其他地方。现在不可能再召开特别工作会议，继续火箭团队以前实行的那种密切合作。此外，必须转到地下设施进行批量生产，只有在那里才能提供有效的防空保护。因此，对于冯·布劳恩和他的导弹团队来说，盟军的轰炸是一个幸运的巧合，A4生产过程中的所有暴行都不是直接发生在他们的实验室附近，而是在遥远的哈茨山脉的中转工厂中。这种强行将研发和生产进行空间分隔的做法使得他们后来有可能否认自己对集中营囚犯的非人道待遇负有任何责任。

此外，空袭为希姆莱企图进一步控制火箭计划提供了一个好机会。他向希特勒提出建议，将 A4 的生产转移到地下设施中去并在那里使用集中营囚犯，以此来确保保密性。希特勒表示同意，因此希姆莱早在 1943 年 8 月 20 日就把这一消息传达给施佩尔，他接管了地下工厂的建设并任命汉斯·卡姆勒（Hans Kammler）为负责人。卡姆勒是一名党卫军军官，曾参与奥斯威辛（Auschwitz）和马伊达内克（Majdanek）集中营的建设，以残忍暴戾和无所顾忌而闻名。施佩尔不得不接受新的劳动分工，这限制了他的权力，但让他进一步承担了组织和实施生产的责任。研发工作也仍然在佩内明德陆军武器局的指导下进行。根据施佩尔的说法，这种分工非常有效："正是由于工业专家的这种责任划分，党卫军那种不断失败的生产结果与在专家技术指导下集中营的生产结果形成了鲜明对比。"[79]

因此，1943 年 7 月是火箭项目历史上的一个重要转折点。政治平衡发生了变化，一些关键人物扮演的角色也随之改变。多恩贝格尔被派遣到火箭特别行动队中去，从而隐入幕后。而冯·布劳恩成了佩内明德事实上的领导人，他也越来越多地参与政治管理，这以前是多恩贝格尔的任务。写于1944年4月25日的一封信被他直接呈送给了军方领导，信中表明，他巧妙地抵制了那些重新划分职责，削弱其职权的企图，从而维护了自己的强势地位："任何在总体管理里去中心化的行为只会导致责任的解体。"他要求"在交给我的领域中，我能全权负责，有行动自由，明确划分指挥权力和责任"。最后，为了回击大一统方案所遭到的质疑，他不惜以辞职相要挟，还请

米特尔鲍－多拉集中营的囚犯在地下坑道里制造V2（A4）导弹

求"为了军队的介入"[80]而自愿交出权力。

英国空袭事件几周以后，佩内明德的火箭研究人员恢复了他们的工作，向"中转工厂"进行生产转移也进展迅速。1943年8月28日，布痕瓦尔德（Buchenwald）集中营的第一批囚犯抵达新设立的多拉（Dora）外围指挥部，他们的任务是将图林根州诺德豪森（Nordhausen）附近的一个隧道系统扩建为一个巨大的地下工厂，在那里生产A4火箭、Fi103导弹和一些军用飞机。到1943年年底，营内已有11000名囚犯，1944年10月更名为米特尔鲍（Mittelbau）集中营。算上所有附属营地，这里有多达32500名囚犯，他们不得不在非常不人道的条件下生活，他们中的许多人被艰苦的劳动和恶意的刁难折磨致死。

最初几个月的条件特别恶劣，囚犯们不得不用最原始的设备在山里挖掘隧道，有时只能靠自己的双手。由于卡姆勒拒绝建造居住场所，他们不得不睡在隧道里的木板棚子里。没有厕所，也没有洗涤设施。在绝望中，人们往手上小便，这样他们就可以洗把脸了。卡姆勒和他的党卫军没有丝毫怜悯之心。在最初的六个月死了大约6000人，其中一半在中转工厂，另一半在灭绝营，当他们不再具备工作能力时就会被转移到那里。在多拉是通过工作来实施灭绝行动的。一直到春天，爆破工作结束，一个临时性木板营房投入使用后，情况才有所改善，死亡率下降到每月约140人。

在关于德国火箭研究中这一黑暗插曲的讨论中，对冯·布劳恩是否参与了使用集中营囚犯的问题存在着长期的争议。幸存下来的囚犯指控他为同谋。例如，亚当·卡巴拉（Adam Cabala）回忆说："还有以韦恩赫尔·冯·布劳恩教授为首的德国科学家们每天都注视着这一切。当他们沿着走廊走过时，他们看到了囚犯们的辛劳、艰苦工作和痛苦。韦恩赫尔·冯·布劳恩教授经常来到多拉，他一次也没有对这种残忍和兽性提出过抗议。"即使是死人也不会让他的心中泛起一丝波澜："在救护亭旁边的一片小空地上每天都有成堆的囚犯尸体，他们被繁重的工作和看守的血腥恐怖折磨致死。……但是韦恩赫尔·冯·布劳恩教授就这么从那儿走过，离得很近，他几乎碰到了那些尸体。"[81]

冯·布劳恩一直否认自己负有任何责任，但对在这里的不人道表示遗憾。在 20 世纪 50 年代，他试图不再谈论这个话题，淡化自己的参与："我慢慢才意识到，我……陷入了矛盾的境地。我们为了光荣的目的而充满激情去建造的设备被用来统治或奴役其他人。"[82]直到 20 世纪 60 年代，他才公开承认自己曾出现在当时的照片中，并惊恐地回想起中转工厂的工作。"当然，每当我不得不进入地下工厂看到囚犯们在那里工作的时候，我都感到非常抑郁。……这些饥饿的人会让每一个正派人的灵魂都背上沉重的负担。我不能否认这一点。"他"无能为力"地面对这一切，因为改变囚犯的处境不在他的权力范围以内。这种说法是毫无意义的，他本应该在党卫军法庭上去结束这一局面。[83]

提出反对意见本就不适合冯·布劳恩的性格，因为他体现了盲目履行职责的军人道德。对他来说，只有命令和服从，但没有道德原则作为行动的指南。他后来声称"科学本身没有道德维度"[84]。对他来说，完成 A4 火箭是他需要尽责和忠诚地去完成的任务，而没有考虑其行为的后果。即使在战争结束后，他也为这种行为辩护。他问道："公民个人是否有权利逃避责任，还是有义务坚持自己的工作，不管是为善还是为恶？"他的回答是，"我决定留在我的火箭事业上"，尽管他现在很清楚，佩内明德的科学家们"正在为一项他们严重怀疑其正义性的事业服务"。[85]

在他对自己在 A4 生产中所起作用的描述中，也可以看到他对自己活动的轻描淡写，他只是去完成一项没有道德维度的任务而已。"我唯一的职责是检查工人是否精确地按照我们的图纸和设计施工，工厂生产出的火箭是否真的能正常工作。"[86]冯·布劳恩非常保守地把自己的活动领域限定于质量控制，而这却需要概览总体情况，还会造成对运行过程的深入干预："我对质量控制的责任意味着我被迫不断中断生产流程。"[87]根据他自己的叙述，冯·布劳恩其实广泛参与了中转工厂的各个流程。

他的行为活动也直接影响到了囚犯的命运，因为他对"生产中任何一个错误都要马上叫停"，[88]而囚

在"中转工厂"中进行 V2 的后部安装

犯可能是因为疏忽、缺乏专业知识、疲劳过度又或是故意搞破坏而犯错。囚犯们的遭遇是众所周知的。例如，在实施破坏活动的案件中，党卫军采用了特别残酷的惩罚，即慢慢地施以绞刑。冯·布劳恩的动机不是要去折磨人，但他优化火箭的动机就意味着有人会被折磨和杀害。他忽略了这一点。对他来说，建造A4 火箭只有技术问题，而没有道德问题。

冯·布劳恩一直声称他"从未在中转工厂里见过死去的囚犯"。[89]此外，他随意篡改自己首次参观中转工厂的时间，一会儿说是"1943 年夏天，当时扩建的爆破工作已经开始",[90]一会儿又说是"那里的生产开始运行之时",[91]即1943年12月。在别的地方又说是1944年1月25日,甚至是1944年年中。至于这些不一致究竟是由于对数字的记忆不准确还是故意修改日期,这无从得知。不管怎么说,1945年后的冯·布劳恩成功地通过否认、沉默或推卸责任的方式,抹去了自己与这桩通过强制劳动而实施灭绝的不人道行动的瓜葛,从而逃避了惩罚。

从赖纳·艾斯费尔德(Rainer Eisfeld)和迈克尔·纽菲德等科学家找到的原始历史文献看,作为将火箭项目的所有线索串联到一起的人,冯·布劳恩也无疑对在A4生产背景下的奴隶劳工有广泛的了解。"每个人都知道这件事",[92]鲁道夫在后来的审讯中说。但是冯·布劳恩"在道德上非常迟钝",没有把集中营里的囚犯当人看,而只不过是把他们看作生产要素,是"没有权利的工作牲口",[93]对他们的死亡,他漠不关心。

有一些文件证明,冯·布劳恩亲自参与了对集中营囚犯的挑选。1944年8月15日,他给"中转工厂"厂长阿尔宾·萨瓦茨基(Albin Sawatzki)的一封信中写道："在我上一次访问期间……您曾……建议，把你们这里和布痕瓦尔德（集中营）提供的具有良好技术背景的囚犯用于从事附加的开发工作和少量的模型建造。……我立即接受了您的建议，与布痕瓦尔德的西蒙（Simon）博士一起挑选了其他一些合适的囚犯，并从党卫队分队长皮斯特（Pister）那里获准把他们转移到中转工厂来。"[94]

这驳斥了冯·布劳恩与"中转工厂"的生产和安排集中营囚犯无关，火箭研究与奴隶劳工能干净地予以切分的说法。冯·布劳恩远离残酷的现实，一心追求他飞上太空的梦想，这种观点不符合历史真相。相反，他集中参与了 A4 的生产，积极参与了对囚犯的挑选，甚至还亲自开车去过集中营。冯·布劳恩不像在"中转工厂"的党卫军看守那般像残暴的野兽一样去折磨囚犯。他认为自己是一个"不关心政治"的技术人员。据他自己供认，"直到 1943 年年底都成功地避免了被卷入政治网络"[95]。基于事实，我们实在难以得出这样的结论。冯·布劳恩如此执着于大型液体动力火箭的想法，以至于他毫无道德顾忌地推动它的完成，

米特尔鲍－多拉集中营中的瘦弱囚犯，盟军于 1945 年解放此处后拍摄

并指出这一进步需要以人的生命作为代价。他和他的团队痴狂地追求优化 A4，将其作为战争武器并投入大规模生产。他们主要关心的是解决技术问题和满足目标的期限。米特尔鲍－多拉集中营的幸存者们后来提出质疑，冯·布劳恩是否可能少一些武断的行为，多拯救一些生命。

在付出巨大牺牲的情况下，公司仅仅用了四个月就成功地将 A4 的生产从佩内明德转移到中转工厂，那里的生产早在 1943 年 12 月就开始了。作为厂长，鲁道夫负责组装工作和囚犯的安排。他后来晋升为美国土星计划的开发负责人，但在 1984 年离开了美国，以逃避迫在眉睫的起诉和驱逐。1943 年 10 月 19 日，陆军武器局要求中转工厂制造 12000 枚导弹，订单金额合计 4.8 亿帝国马克，也就是每一枚导弹的单价为 40000 帝国马克。尽管在 1944 年年初出现了相当大的启动困难，但到了 1944 年年底，中转工厂的月产量上升到 600 到 700 枚 A4。1945 年 3 月 18 日，总共生产 5784 枚导弹。大约一万人为此付出了生命。因此，迈克尔·纽菲德谈到了一种"独特的武器……在其生产过程中死亡的人多于死在其军事用途上的人"。[96] 为此而站在法庭受审的唯一一位高级工程师是中转工厂的总经理格奥尔格·里基（Georg Rickhey），由于缺乏证据，他被无罪释放。

与此同时，政治平衡已经转向朝党卫军有利的方向，党卫军对佩内明德火箭研究的控制越来越肆无忌惮。1944 年 2 月，冯·布劳恩受命前往希姆莱的总部，在那里，党卫军帝国首领向他伸出了从陆军转到党卫军的橄榄枝："我可以想象，你受到了陆军队伍里官僚主义的严重阻碍。你为什么不加入我们呢？你肯定知道，没有别的人能如此直接地接触到元首。我向你保证，你能得到更有效的支持，比在那些顽固的将军们那里所能获得的更多。"[97] 冯·布劳恩回答说："帝国首领先生，我想象不出有比多恩贝格尔将军更好的领导。……您知道，A4就像一朵小花。为了能茁壮成长，它需要阳光，需要适量的肥料和一位耐心的园丁。如果您打算给小花浇上一大堆粪肥的话，我担心这反而可能会要了它的命。"[98]

这次谈话是否真是如此进行的，似乎非常值得怀疑，因为多恩贝格尔已经有半年的时间不再担任冯·布劳恩的上级了。此外，即使是冯·布劳恩也不敢称这位最高层的秘密警察首领为"浇大粪的"。显然是此后在这里进行了修正。无论在希姆莱的总部中到底谈论了什么，不用等太久就让他尝到了拒绝首领提议的后果：1944年3月22日清晨，冯·布劳恩、他的弟弟马格努斯、克劳斯·里德尔和赫尔穆特·格罗特鲁普（Helmut Gröttrup）被盖世太保逮捕，盖世太保已经监视了佩内明德很长一段时间了。他们被指控犯有叛国罪，更准确地说是发表了对战争进程持怀疑态度的言论，以及为了发展太空航行项目而玩忽职守。这是可以被判处死刑的。此外，冯·布劳恩被指控准备驾驶他的梅塞施密特台风式飞机逃往英国，他"每次都驾驶这架飞机出差"。[99]然而，即使在1945年之后，他也宣称忠于纳粹政权，他"从未考虑过要叛逃"。[100]

然而，冯·布劳恩只是希姆莱棋盘上的一枚棋子，他并不关心是不是真的要把火箭科学家送上绞刑架，而是恐吓他，要他改换门庭加入党卫军。尽管如此，斯佩尔和多恩贝格尔在冯·布劳恩入狱十四天后成功地为他争取到假释。他们最有力的论点是，如果没有冯·布劳恩的领导，A4 计划将遭受巨大损失，这最终给希特勒留下了深刻的印象。虽然希姆莱没有实现他的目标，但他对火箭计划的影响增加了。这也许可以解释为什么冯·布劳恩会不知疲倦地努力确保 A4 作为战争火箭的作战能力。被党卫军的逮捕也产生了一个影响，当事人谁都没有想到，但后来被证明很有价值：冯·布劳恩能够以这种方式证明他与纳粹政权保持了距离。希姆莱实际上给了他一个"帕西尔证明"*，没有它的话，他后来的职业生涯可能会有所不同。

技术和组织问题也在佩内明德的权力斗争中发挥

---

* 在战后美国占领区的非纳粹化审查中，被审判者需要自己寻找证人为其做无罪证明，导致朋友、同事、邻居之间相互作证，为自己"洗白"。这种证词被嘲讽性地以德国知名洗衣粉品牌"帕西尔"来命名，称为"帕西尔证明"。——译者注

在佩内明德试飞的一枚 A4 火箭在空中发生爆炸

了作用。希姆莱想以自己的方式控制佩内明德，希望能掌握这种终极武器，从而避免纳粹德国可预见的失败。特别让人恼火的是在实弹发射试验中出现的"空中解体"问题。这种试验也会应用于训练突击部队，现在让整个 A4 生产停滞不前。从 1943 年秋季开始，在多恩贝格尔的指挥下，在克拉科夫（Krakau）[*]以东的海德拉格（Heidelager）训练场进行实弹试验——"在被占领国家有人口居住的区域，不考虑居民安

---

[*] 波兰城市，因此有下句的解释。——译者注

全的问题"。[101] 但这对占领者来说也是有风险的，1944 年 5 月 20 日，波兰抵抗组织成员设法搞到了一枚完整的导弹并将其运送出国。

然而，发射的火箭只有一两成命中了目标，因为火箭在重新进入地球的大气层时会解体。这证明 A4 还远不是一个可靠的武器系统。甚至在 1944 年秋天首次部署使用 A4 时，也一再出现各种复杂问题。冯·布劳恩不惜以身犯险，要亲自解决这些问题。他进入目标区域的中部，近距离检查弹舱返回过程中的状况。尽管从统计学的角度来讲，在中心被击中的概率很低，在一次这样危险的任务中，他算是侥幸地捡回了一条命。

然而，"瀑布"防空导弹的问题始终无法解决，这是一种缩小版的 A4，用操纵杆控制。鉴于盟军对德国的轰炸，戈林在 1942 年秋为这个项目提供了资金，这是陆军试验站重要性仅次于 A4 的项目。在航空部的巨大压力下，1944 年年初就发射了并未完成的导弹，但全部都失败了。尴尬的是，一个在瑞典的流浪汉为盟军提供了对德国导弹计划的宝贵意见。

投入战争与纳粹德国灭亡（1944—1945）

1944 年 6 月 13 日，德国第一次使用 Fi 103 导弹（V1）袭击伦敦。这是自 1942 年春以来在佩内明德西区空军的指导下研发的一种简单、廉价和可迅速投入使用的武器，可以用来替代陆军的 A4。在很短的时间内，这些目标就实现了。与竞争对手一样，V1 可以装载一吨重的弹头飞行 250 千米，其成本仅为 A4 的十分之一。只是它很容易被敌人的防空系统拦截，它的飞行速度更慢（约每小时 600 千米），高度更低（最高仅 2000 米），而且声音很大。在向伦敦和其他目标发射的 22000 枚 V1 导弹中有大约四分之三被导弹或高射炮击落。

1944 年 9 月 7 日和 8 日，德国第一次用 A4 导弹袭击伦敦和巴黎。到 1945 年 3 月 27 日，有大约 3170 枚导弹袭击了这两个城市，以及英国、荷兰和比利时的其他目标。没有办法防御这种以数倍于音速的速度沿弹道路径向目标袭来的 A4 导弹。大约 5000 人在袭击中丧生。这是一个不幸的结果，同时也证明了 A4 的军事价值相当有限。因为盟军的一次轰炸就有数千平民死亡，仅仅在 1945 年 2 月 14 日对德累斯顿的第一波轰炸中，估计死亡人数就达到了 35000 人。即使与 V1 进行比较也很能说明问题。在首次使用后被戈培尔（Goebbels）作为报复性武器而改名为 V2 的 A4 比它的竞争对手造成的损害更小。

德国导弹袭击一览表
V 型武器的生产和发射

类型	产量（枚）	目标	未命中（枚）	被击落（枚）	命中（枚）
V1	约 32600	英国	10492	3957	5822
		比利时	11892	2183	7358
		总计	22384	6140	13180
V2	约 6500	英国	1403		1054
		比利时	1664		1303
		法国	73		57
		荷兰	19		15
		德国	11		9
		总计	3170		2438

资料来源：Hölsken，1984，第 219 页。

使用 V2（A4）是卡姆勒指挥的。1944 年 7 月

20 日有人暗杀希特勒未遂，党卫军成功地利用时局，削弱了陆军的影响力，毕竟刺客来自陆军。陆军武器局被置于希姆莱的指挥之下。尽管如此，施佩尔还是成功地保住了佩内明德研究中心，不让党卫军染指，冯·布劳恩也保住了位置。虽然名义上只是副经理，但在这个阶段，他实际上就是机构的负责人，尽管生产转移到了"中转工厂"，但这里仍有 5000 名员工。即使在战争最后几个月的混乱中，他也设法让他的团队团结工作，但同时也为战后做好准备。现在很明显，德国的失败是不可避免的了。

1944 年 6 月 17 日被德国导弹打击后不久的伦敦街道

从 1944 年夏天开始，像保守派爱国精英的其他成员一样，冯·布劳恩越来越远离了他以前忠诚服务的政权。他不再担心自己表现出对纳粹主义坚持到底这种宣传口号的怀疑态度。导致这种情绪变化上可能的一个原因在于冯·布劳恩的个性。他是利己主义者和机会主义者，他对政权的判断首先是看其对自己是否有利。具体来说，他是否有特权（有自己的飞机）、生活舒适（有别墅、帆船）、有高收入，等等。如果这些是有保证的，冯·布劳恩就可以很容易接受独裁统治："就个人而言，我觉得在极权主义政权下过得很好。"[102] 1958 年，他承认他在佩内明德享有极大的自由。此外，鉴于他与大学有密切的接触，"在自由国家的情况会大不相同，这种假设是错误的"。[103]他出差不用登记，也习惯了秘密警察的监视。但从1944 年夏天开始，纳粹政权越来越无法让冯·布劳恩过上奢侈和自由的生活。因此，他与这个政权保持距离，开始寻找替代方案。不过，他的基本政治立场并没有改变。

对纳粹政权越来越怀疑的另一个原因是在战时使

用 A4 火箭，据冯·布劳恩本人说，这是"非常令人沮丧的"。[104]他当时的女秘书后来也声称他"非常抑郁"。他说："这本不应该发生。我一直希望在他们向人群发射 A4 之前，战争就结束了。"[105]冯·布劳恩安慰他愤怒的同事们说："这些发射活动只不过是一个新时代开始的标志——一个用火箭推进的飞行时代。"[106]然而，这很可能是后来虚构的故事，因为冯·布劳恩在逮捕后被党卫军保护起来以后，他就小心翼翼地不再提及"太空航行"这个词。

一名科学家花八年时间研究和优化一种武器，然后在面对死亡和毁灭之时声称他并不愿这样做，这听起来似乎令人难以置信。其实，其他科学家在军备研究中也同样推卸责任，例如原子弹的发明者。他们把自己的活动局限于解决技术难题，对他们行为的道德维度视而不见。根据恩斯特·施图林格（Ernst Stuhlinger）的说法，火箭团队成员宣誓就职的誓词是"我们面临着一项任务，让我们去着手工作吧"。[107]在这种思想观念中，没有对其行动后果和责任进行反思的余地。

处在这个宣誓团体中心位置的是"项目"，形势越是变得绝望，"'项目'的情况更是如此，唯有它才能把生活支撑起来，稳定下来，甚至是带来某种意义"。此外，被冯·布劳恩从东线战场或被轰炸的城市带到佩内明德加入火箭团队的人会感谢他，也依赖他，听任他的调遣。"一个人可能会因为表现不佳而突然被送回战壕，这种令人不适的想法可能会导致每个佩内明德人都竭尽全力做到最好。"[108]

声称 A4 始终是进入太空的第一步，这是他们的自我辩护，以使佩内明德人接受过去，减轻良心上的负担。冯·布劳恩 1956 年的声明很有代表性，他说"A4 即 V2 命中的是错误的行星"。[109]这一声明的意思是，他们本来没做错，只是应该稍微对火箭进行一点调整，使其降落在月球上，而不是伦敦。于是，火箭项目脱离了实现它所依赖的政治背景，作为一个孤立的技术杰作，它可用于各种目的。

冯·布劳恩在战争的最后几个月里对纳粹政权越来越怀疑。这是一种混乱和不可预测的情况，但无论如何要挺过去，这是他的信条。火箭团队也抱有这样的想法，他们仍然享有一些特权，成为一个密不可分的命运共同体，其未来越来越取决于"项目"的未来。即使在这种条件下，仍有可能在有限的范围内继续进行研究和开发工作，例如"雷根纳桶"，这是一种用于大气研究的测量仪器，随 A4 一起发射升空。德国从荷兰撤军后，军方要求得到的另一个项目是A9，以便继续实施对伦敦的打击，这是一种装备了飞行翼的 A4，可以从弹道飞行过渡到滑翔飞行，覆盖 500 千米的距离。对于冯·布劳恩来说，他乐于接受这项任务，这样就可以在 A4 完成后使研究中心继续合法地存在，并使他的团队继续团结在一起。然而，在 1944 年 12 月和 1945 年 1 月，他不得不再次拿出半成品来满足他的客户。通过指令就可以获取新的奇迹武器：这一想法清楚地证明，此时纳粹政权精英们与现实脱节有多么严重。

在 1944 年、1945 年之交，战争已显现即将结束的迹象。东线逐步逼近，大批难民涌向佩内明德。奥斯威辛集中营被疏散，因此米特尔鲍－多拉集中营的囚犯人数在很短的时间内就从 26000 人增加到

1944 年，陆军和海军高级军官在佩内明德抬头观看 V2 的发射。韦恩赫尔·冯·布劳恩的身形在中间被挡住了一半

40000 人。死亡率暴涨。党卫军警卫对囚犯们为生存而进行的绝望斗争做出了极其残暴的反应。大规模集体处决司空见惯，使用的手段特别残忍。尽管局面如此混乱，V2 导弹的生产仍一直持续到 1945 年 3 月。

1945 年 1 月 31 日，卡姆勒下令将佩内明德火箭中心疏散到哈茨山中的布莱歇罗德（Bleicherode）。冯·布劳恩从 1944 年 9 月就开始收集有价值的文件。火箭团队决定留在一起，寻求与美国人的联系。"战争对我们来说是失败了。对我们来说，一切的问题都集中在一点，即我们应该把我们的科学遗产交到谁的手里。就目前的情况来看，最好的解决方案是把我们交给美国人。"在这种考虑中，机会主义思想发挥了作用："我的国家输掉了两次世界大战。这一次，我想站在赢家那边。"[110] 英国和法国可以从选项中排除，因为刚刚在几周以前，最后一批 V2 导弹还打到了这两个国家。把佩内明德交到苏联人手中的可能性也微乎其微，这与销毁掉所有文件并回归平民生活的可能性一样小得可怜。因为鉴于"佩内明德在制造远程精确火箭方面取得的经验"，这将是"人类进步道路上的一桩罪行……这种摧毁性的潜在力量"[111]。考虑到在生产 V2 时所犯下的罪行及将其用于屠杀平民的现实，这个评论确实充满了嘲讽意味。

冯·布劳恩从来没有令人满意地解释他为什么会选择美国。通常有人会拿被希姆莱党卫军逮捕这件事来证明冯·布劳恩拒绝再次为独裁政权效力。然而，从最近的历史研究成果看，他是否在战争的最后阶段还有能力独立决定火箭项目的命运，这令人怀疑，因为火箭团队受到党卫军的庇护，党卫军小心翼翼地守

负责火箭项目的党卫军军官汉斯·卡姆勒（左）

护着他们的"宝藏"。卡姆勒打着自己的小算盘，他想着如何利用佩内明德创造的科技成果与盟军进行谈判，从而让自己在绞刑架下逃得一命。

2月17日，佩内明德开始撤离，十四天后完成。所有无法运走的东西都被销毁，以至于一年前就已经攻占了海德拉格射击场的苏联军队在1945年5月5日占领陆军试验站之后几乎没有找到什么有用的东西。冯·布劳恩在党卫军不知情的情况下将重要的技术文件成功地带到了安全的地方，藏在哈兹山中一个偏僻的矿场里。于是，现在他自己的手里掌握了今后与胜利者谈判的筹码。为什么不管是冯·布劳恩还是卡姆勒都如此高度重视火箭技术的价值，以至于他们都相信这可以换回他们的性命，这个问题还没有答案。鉴于军备项目的保密性，不排除美国在战争期间也同样在火箭技术方面取得了重大进展。关于美国研发原子弹的"曼哈顿"计划，德国方面一无所知。在这种情况下，哈兹山脉中的宝藏将完全一文不值。

到了3月份，形势已岌岌可危。德国的崩溃已触手可及，图林根的阵地也无法抵御迅速逼近的美国军队。1945年4月1日，卡姆勒下令将500名佩内明德人撤离到巴伐利亚的阿尔卑斯山区，置于党卫军的监督之下。留在图林根州的火箭技术人员不久后就被美国情报人员追踪，而冯·布劳恩身边的团队不得不在巴伐利亚等待叛逃的机会。与此同时，在布莱歇罗德仅数千米之外发生了残酷的事情。纳粹要把米特尔鲍－多拉集中营中剩下的25000～30000名囚犯转移到贝尔根－贝尔森（Bergen-Belsen）集中营中去。纳粹把犯人们塞进装牲口的车，数天都不给他们任何东西吃喝。还有一些犯人不得不步行。在这场死亡行军中最残忍的莫过于贾德雷根（Gardelegen）大屠杀事件，党卫军把超过 1000 名犯人赶进一间谷仓，然后纵火焚烧。当美国军队于 4 月 11 日解放米特尔鲍－多拉集中营时，他们只发现了 600 名幸存者。

与此同时，冯·布劳恩和他的同事们在上巴伐利亚的日子倒是过得不赖。在党卫军关押他们的奥伯阿梅尔高（Oberammergau）军营中，佩内明德人很快就被以小组为单位转移到周围的村庄去了。冯·布劳恩与多恩贝格尔、他的兄弟马格努斯和其他人一起，在奥伯约赫（Oberjoch）的英格堡（Ingeburg）家里找到了避难所。在他对这段时间的回忆中充满了饮食和旅游方面的乐事。他是个享乐主义者，即使是在最不利的情况下也能为自己争取到最好的结果："在奥伯约赫的日子非常平静，几乎不像是真实的。我们坐在山上，盟军在下面的山谷中穿过。我们这里什么事也没发生。……我们享受着美好的春日，在我们的酒店里仍然有美味的菜肴和保存完好的酒窖。当德意志帝国解体，到处都充斥着混乱的时候，我们还生活在这个动荡世界上仅存在于想象中的最安静和最世外桃源般的地方。"[112]卡姆勒消失得无影无踪，党卫军在最后几天也放松了控制，这使得他们决定冒险与美国人接触。

1945年5月2日，电台报道了希特勒的死讯后不久，马格努斯·冯·布劳恩被派去与美国军队取得联系，并请求代表佩内明德人向美军投降。美国人把他们带到加米施－帕滕基兴（Garmisch-Partenkirchen），在那里他们被审问了几个星期，要求把他们所知道的都写下来。冯·布劳恩在1945年五六月间撰写了一份报告《德国液体火箭发展概况及其未来前景》，该报告简要地描述了这项技术从1929年至1945年的发展，没有涉及技术细节。他还概述了未来的项目，包括超音速飞机、载人火箭、空间站、用于能源供应和控制天气的太空镜，最后是飞往月球。他的总结是，"精心策划的火箭科学发展将在科学和军事领域产生革命性的影响"。[113]冯·布劳恩把他1932年在《展望》上发表的文章中涉及的那些项目再次罗列了一遍，推广他的火箭技术。对他来说没有太大变化，没有任何反思或自我批评的痕迹。他再次干起老本行，为他的火箭项目找赞助人。

　　佩内明德这一章就此翻篇，而他仍以同样的方式继续前行，因为胜利方的那些大国即将开始一场迫在眉睫的冷战，他们竞相将新技术置于自己的控制之下。美国人占有优势，因为他们将火箭项目的领导团队收入了自己囊中，冯·布劳恩愿意合作。在很短的时间内，胜利者与被征服者之间形成了相互尊重和合

成为盟军俘虏的韦恩赫尔·冯·布劳恩，他在车祸中伤了一只手臂，拍摄于 1945 年。在他左边的是瓦尔特·多恩贝格尔

作互动的气氛，从德国到美国，研究得以无缝过渡。冯·布劳恩的算计奏效了。

为了确保获得被认为对下一轮军备竞赛至关重要的技术，必须尽快获得仍在图林根的文件和设备，这片地区将会被苏联占领。早在 1945 年年初，美国陆军火箭部门负责人霍尔格·N. 托夫托伊（Holger N. Toftoy）上校就制定了美国如何获得德国火箭的计划。他和他的同事们在被占领的德国领土上寻找 V2 工厂。1945 年 5 月，美国人撕毁协议，大胆地采取行动，在苏联军队到达前几天清空了中转工厂，并用 341 辆货车向安特卫普（Antwerpen）运送了大约 100 枚火箭的零件，又从那里将这些零件带回了美国。埋在哈尔茨山里的文件和分散在德国各地的大部分技术人员和工程师也落入他们的手中。

考虑到英国和苏联的偷猎企图，也考虑到冯·布劳恩有被绑架的风险，看来有理由将火箭小组带到美国，并在那里评估文件，重建 V2。1945 年 7 月，成立了"阴天"行动组，在此框架下，由冯·布劳恩亲自挑选的 115 名德国火箭专家被带到美国去工作六个月。这件事必须向美国公众保密，因为他们一定无法理解，为何要让那些臭名昭著的纳粹分子为美国军方服务。1945 年 9 月 18 日，冯·布劳恩和他的六名同事被空运到美国；该小组的其余成员乘船步其后尘。[114]

这位 V2 导弹的总设计师成功地让自己在 1945 年的重大转折中毫发无损地幸存下来，并在他之前的领域继续工作。在他以前的职业生涯中，冯·布劳恩除了为军队制造火箭之外什么也没做，他现在也无需改变。把军方对军备相关技术的兴趣置于道德之上，置于对纳粹时期活动的刑法评估之上，只有在冷战迫在眉睫的背景下才成为可能。

第 3 章

启程进入太空

德州候命（1945—1950）

到美国的第一站是波士顿海岸的斯特朗堡（Fort Strong），七名德国人于 1945 年 9 月 20 日抵达这座陈旧的堡垒。10 月 1 日，托夫托伊的同事詹姆斯·哈米尔（James Hamill）少校把布劳恩带到华盛顿的五角大楼。问询的主要目的是对此人进行评估，因为他几个月前还在为敌人工作。其他六名前佩内明德员工的任务是在阿伯丁（Aberdeen）试验场的美国火箭专家的监督下，"对来自佩内明德的 14 吨文件……进行整理、分类、编目、评估和翻译"。[115] 10 月底，冯·布劳恩和随时伴随左右的哈米尔乘火车前往得克萨斯州的埃尔帕索（El Paso）。在附近的布利斯堡（Fort Bliss），美国陆军武器办公室不久之前成立了一个由哈米尔领导的火箭开发部门。其他德国火箭专家陆续抵达，1946年2月21日，全部115名佩内明德团队成员聚集在了得克萨斯州。他们的家人被安置在兰茨胡特（Landshut），受美国军方的保护。仅仅一年之后，他们的家人就被允许前往美国与他们团聚。

德国人的任务是组装被美国人俘获的V2，然后在埃尔帕索北部的白沙（White Sands）试验场进行发射。从1946年4月16日第一枚V2升空，直到1952年9月19日，总共进行了70次发射，火箭上携带了测量仪器，飞机和气球都无法到达这个高度。在这个过程中，人们对大气层和宇宙射线的性质有了新的认识。1949年2月24日，一枚改装后的V2达到了390千米的创纪录高度，在这枚火箭上装上了美国的"女兵下士"（WAC-Corporal）作为第二级装置。然而，德国人只是扮演了一个次要角色，因为从1947年年初开始，V2高层大气小组就开始负责这个项目了。这种重点转移的背景是军方的利益诉求，军

韦恩赫尔·冯·布劳恩与詹姆斯·哈米尔谈话

方需要在资金短缺时期确保得到大学的支持。此外，这为火箭塑造了和平工具的新形象。

德国人的希望破灭了，他们本打算在美国太空计划中发挥核心作用。陆军武器办公室的火箭计划仍然"最初还是一个相当保守的行动，资源有限，可有可无，没有优先权"。气氛很压抑，"布利斯堡和白沙的设施与佩内明德根本没法比"。[116] 德国人渴望出现一个新的佩内明德。然而，杜鲁门领导下美国政府的目标是把 1945 年以后的军备开支再次降到可接受的水平，不再开展新的巨型项目。1947 年军费预算的削减意味着军方曾在 1945 年和 1946 年表示过青睐的卫星和火箭项目的结束。杜鲁门对火箭没有兴趣，他依赖的是核远程轰炸机。

冯·布劳恩仍然是无可争议的火箭团队领袖，他将小组成员们团结在一起，对外展示形象。他鼓励同事们坚持到底，毫不懈怠，这是一项艰巨的任务。他处于一个陌生的环境，只能干等，而不是把决定权握在自己手中。布利斯堡的军营和周围的沙漠景观也没有给被这帮被宠坏的德国人带来多少慰

佩内明德小组于 1945 年抵达的白沙试验场

藉，他们简直无法忍受这种无聊，不得不通过大富翁游戏来消磨时日。冯·布劳恩称他的团队为"和平囚徒"[117]，从他们的角度看，去组装过时的V2火箭，而不是着手研究未来项目，这简直是浪费时间。他们感到失望，觉得自己被孤立了。他们越来越多地有了这样一种印象，即他们被带到美国是为了被"封冻起来"，[118]以免其他竞争国家把他们夺走。哈米尔拿来一些订单，试图以此让他的德国员工们满意，但这些订单最后的命运就是被扔进废纸篓。冯·布劳恩利用这段时间提高他的英语语言技能，并为未来的太空计划做了研究准备，包括载人火星飞行与载人空间站和探月飞行，他从1949年开始向美国公众推销这些计划。

德国人提出要求的傲慢态度引发了美国同事的怨恨。美国人"同德国人保持着一定距离"[119]，不认可在布利斯堡占上风的佩内明德精神。从德国人的角度来看，存在明确的角色划分："在美国，佩内明德团队仍然在老工厂里工作，只不过现在是由美国的军官和技术人员提供支持。"[120]从一开始，德国人就认为自己是老师，就像过去一样，"不接受任何妥协"。[121]优越感常常演变成傲慢。德国人追求一种"带有许多奇怪头衔和职位的僵化的组织结构"，[122]这也让人恼火。通用电气的一名员工表示，"美国工业界对冯·布劳恩和他的团队并不完全满意。……冯·布劳恩有自己处理事情的风格。他总是确切地知道自己想要什么和应该如何做"。[123]冯·布劳恩继续扮演他一贯的角色，但他现在不再是不受限制的独断专行者，而是必须与其他火箭团队合作。对美国人来说，难以想象一个被许多人视为战犯的"德国战俘"会在美国的火箭计划中发挥主导作用。

为什么冯·布劳恩能在美国以这种风格行事，这毫无疑问值得重新探究。他显然从来都没有表示出畏惧。他总是敢于同当权者玩这种勇敢者游戏，并且通常能在这个过程中实现自己的目标。即使是在危急的情况下，他仍会很自然地扮演好他的领导角色，给外人某种错觉，就比如当他于1945年5月被捕时，他的举止就像"迈步踏上前线的一个国会议员"。[124]由于有这种高超的战术能力，冯·布劳恩从一开始就在美国人面前占据了有利的谈判地位。1945 年 5 月，因为一名美国士兵想要侵占多恩贝格尔的一块贵重手表，冯·布劳恩组织了一场火箭团队的罢工运动，他告诉美军营地指挥官说："我的团队和我本人都不愿意再谈，直到多恩贝格尔将军重新拿回他的手表。"[125] 司令官不得不"退让一步，接受了这一小小的施压"[126]，于是德国人再度与美国人合作。冯·布劳恩掌握了有限地打破规则的技巧，他从小就反复使用这一技巧来扩大他的权力范围。

据一名审讯官员称，火箭小组是"一个紧密联系的工作集体，其人员由多恩贝格尔博士和冯·布劳恩教授精心挑选和持续引导。"[127] 最重要的是，进一步继续参与团队的前景是一种内部纪律手段。对于被选中的少数被允许前往美国的人来说，他们就可以逃脱在德国的苦难和避免受胜利者惩罚的危险。冯·布劳恩以这种方式执行了一项"严格的语言规范"，[128] 将前佩内明德成员们的记忆显著地引向同步。他们形成了一个"誓言共同体"[129]，其命运取决于每个人都和其他人团结在一起，培植出"佩内明德神话"。

在美国的新起点。1946 年，来自佩内明德的核心团队在新墨西哥州的白沙。前排右起第七个是韦恩赫尔·冯·布劳恩；前排左起第四个是阿图尔·鲁道夫，曾任中转工厂的运营总监，他于 1984 年不得不再次离开美国

纳粹德国火箭研究的传说就是这样产生的，正如对历史资料的分析所显示的那样，这些传说往往与事实不符。

　　轻微施压的政策在布利斯堡也很有效。例如，佩内明德人威胁要返回德国，因此得到了使用游泳池的许可。哈米尔后来报告说，冯·布劳恩写了"笔记，威胁说如果我不做这个或那个的话，他就要离开这个组织"，[130] 由此得到了相当多的让步，例如，允许火箭团队绕过现行规定可以向他们在德国的亲属寄送食

品包裹。

只有在政治背景发生变化的情况下才能理解事态的发展，这种变化使得德国人越来越有可能持续长期地留在美国工作。1946 年 3 月，"回形针"（Paperclip）项目启动，这为德国科学家留在美国工作和入籍创造了便利条件。在新出现的冷战背景下，去纳粹化条款发挥的作用越来越小。然而，由于冯·布劳恩在 1947 年秋天仍被列入安全风险，有人就伪造了文件，将安全评估改为"可能不构成威胁"。[131] 此外，陆军武器办公室在 1947 年多拉 – 诺德豪森战争罪审判中阻挠美国检察官的调查，以至于无法对冯·布劳恩提出指控。

对纳粹过去既往不咎的气氛日益浓厚，这使得德国人的生活逐渐正常化成为可能。1946 年 10 月，首次向美国大众公开了他们的存在。火箭团队的成员获得了更大的行动自由，他们可以自由地前往周边地区或周边城市郊游。然而，冯·布劳恩因为从事秘密军事项目而长期不能出国旅行；直到 20 世纪 50 年代末，他才自由，允许他去往德国和欧洲。此外，延长了德国人的合同，他们的工资增加到每年 4300 美元至 7500 美元。他们最终还获得了将家人接到美国的许可。美国国防部还允许他们接受新闻采访。然而，这引起了不同的反应。特别负面的一个事件是，一位德国火箭技术人员抱怨美国食物难以下咽。这种行为有失策略。

布劳恩所得到的贵宾待遇，从他与表妹玛丽亚·冯·奎斯托普（Maria Von Quistorp）于 1947 年结婚的情况也清晰地得以展现。虽然他是一个迷人而有魅力的男人，一个会"被女人称为有意思"[132]的男人，而在他此前的生活中只有两个女人扮演过重要角色：一个是汉娜·赖奇，后来成为空军总司令罗伯特·里特·冯·格赖姆（Robert Ritter von Greim）的情妇；另一个是一位柏林的体育女教师，冯·布劳恩曾在 1943 年想与之结婚。然而，由于未知的原因，婚礼没有举行。当 1946 年年底第一批家庭成员抵达布利斯堡后，婚姻再次成为冯·布劳恩的迫切问题，选择的目光落在他十八岁的表妹身上。他和她通信，然后给他父亲写了一封信："鉴于我们现在的生活像

1947年与玛丽亚·冯·奎斯托普的婚礼。在背景的右边是他的母亲埃米和父亲马格努斯，左二是韦恩赫尔的哥哥西吉斯蒙德

是在中世纪一样，我必须请你去为我执行一项不寻常的任务。你能不能作为我的媒人，去我表妹玛丽亚那里告诉她我想娶她？"[133]书面订婚后，冯·布劳恩于1947年2月前往德国，于3月1日在兰茨胡特与

比他小 16 岁的妻子结婚。这是在美国军方严密监视下完成的，军方一直担心苏联人会绑架冯·布劳恩。在德国短暂逗留之后，这对新婚夫妇带上韦恩赫尔的父母前往美国，他们在西里西亚的庄园被政府没收。他们的父母于 1952 年返回德国。玛丽亚和韦恩赫尔生了三个孩子。女儿艾瑞斯·卡伦（Iris Careen）出生于 1948 年，随后是 1952 年的玛格丽特·塞西尔（Margrit Cecile）和 1960 年的儿子彼得·康斯坦丁（Peter Constantine）。由于冯·布劳恩是在 1945 年被非法带到美国的，因此在 1949 年年底伪造了他从墨西哥入境的材料，以便他可以申请入籍。在法定的五年等待期之后，他于 1955 年 4 月 14 日成了美国公民。

他在职业生涯上也继续前进。1949 年 8 月 29 日苏联原子弹的爆炸和 1950 年 6 月朝鲜战争的爆发使美国的政策发生了转变。美国现在要发展最先进的武器系统以阻止苏联领先。1945 年、1946 年的数个火箭和卫星项目重新启动，并启动了新的军备计划。与20 世纪 30 年代一样，冯·布劳恩受益于再次重整军备的热潮，他得到了一个火箭研究中心。

为美国制造核导弹（1950—1955）

早在 1947 年 5 月，各有关方面都清楚地认识到，从长远来看，新墨西哥州的设施是不够的。一枚从白沙发射的 V2 火箭错误地飞向了墨西哥，打到了华雷斯（Juárez）市，坠落地点附近人员密集，竟然没有人死亡或受伤，这简直是奇迹。美国人选择了佛罗里达州卡纳维拉尔角（Cape Canaveral）作为新的导弹试验场，它像佩内明德一样位于海边。冯·布劳恩和他的团队搬到 1000 千米外的亚拉巴马州亨茨维尔（Huntsville），陆军武器办公室于 1950 年 4 月重新启用废弃的红石兵工厂，在那里建立了一个火箭研究中心，将分散的活动集中起来。冯·布劳恩像在佩内明德一样担任远程火箭部（制导导弹发展部）的技术总监一职，该部门迅速扩大，从 1950 年的不到 1000 名员工增加到五年后的超过 2000 名员工。所有高级职位都由德国人担任；美国人只有担任下属职位的资格。即使是在 20 世纪 60 年代初，当"土星计划开始时，冯·布劳恩领导下的 13 个部门负责人全部都是前佩内明德人"。[134]

冯·布劳恩按照适合于他个人的集权组织原则来领导新的火箭中心，他的下属要效忠他。质量控制在亨茨维尔也是首要任务，对冯·布劳恩来说，这是"远程火箭成功的关键"[135]，这也是1956年一篇程序说明文章的标题。凭借其"明确的指挥层级"[136]，亨茨维尔不同于其他研究中心，如喷气推进实验室，该实验室被描述为"艺术家殖民地"[137]，其结构相当松散。冯·布劳恩贯彻的是在佩内明德已经实行过的"内部"概念。它将从开发到试点生产的一切都统一组合在一起。当外部下达任务时，它们的执行情况将受到严密监控。这种程序不同于美国空军的合同制度，其中规定可以将任务独立分包给工业伙伴。

冯·布劳恩的管理风格仍然是父权制的。尽管如此，他也非常重视团队合作，重视"自上而下和自下而上的开诚布公"。[138]他尊重诚实和真诚。他的思想总是很积极，具有前瞻性。他从不对员工大喊大叫，而是与他们一起寻找解决当前问题的方法。但最终的决定权在他这个领队。冯·布劳恩一直是一个自我中心主义者。他的一个坏习惯是在别人谈话时插嘴，并把谈话引向别的方向，这要归功于他的口才和他的幽默表达方式，这对他没什么难度。如果他对什么东西不感兴趣，他就压根儿不去听。有时他会突然改变主意，忘掉自己此前曾持有的不同立场，但却要求他的同事们同自己一样改变主意。

德国火箭团队不仅在工作中团结一致，还在亨茨维尔市形成了一个"德国飞地"。[139] 尽管这里潮湿的热带气候令人难以忍受，特别是在夏天，但他们自己的房子和汽车倒促成了前佩内明德人回到他们习惯的生活方式，越来越习惯地把亨茨维尔当成自己的家乡。由于缺乏语言技能，他们在融入当地的最初阶段遇到了一些问题。当地人起初也持保守的态度，德国孩子也不得不应付偶尔被同学辱骂是纳粹的窘境。然而，随着时间的推移，生活正常化了，冯·布劳恩后来的成功使他成为这座城市的英雄，这座城市自豪地宣称这里是"太空首都"。[140]

亨茨维尔的设施很快就被称为"佩内明德南区"[141]，这里的火箭团队在 1950 年受美国军方委

韦恩赫尔·冯·布劳恩与弥尔顿·W. 罗森（Milton W. Rosen）站在一艘宇宙飞船模型前，拍摄于 1952 年

托开发一种具有核能力的地对地导弹，要求其射程为 800 千米，命中精度高。因为朝鲜战争的缘故，该项目获得了特别优先权。1951 年，简称为"红石"（Redstone）的这种导弹有效载荷增加到 3 吨，但射程相应降低到 320 千米。

红石导弹代表了武器技术上质的进步，因为它首次将导弹和原子弹结合在一起。此外，通过新型惯性控制系统，弹头可以与导弹分离，精确定向打击敌方阵地、指挥中心等小区域目标。"以超音速携带常规弹头或核弹头精确打击目标"[142]的能力，是它与军事上毫无价值的 V2 的根本区别。"红石"导弹的首次发射时间是 1953 年 8 月 20 日，这是世界上第一款中程作战核导弹，经过几次修改调整后最终于 1958 年部署在欧洲。与同样在亨茨维尔开发的"木星"（Jupiter）导弹和"潘兴"（Pershing）导弹一起，这款导弹对维持威慑平衡起到了很大作用，直到七八十年代的裁军协议之前，人们对如何保持威慑平衡都紧张万分。尽管冯·布劳恩在核导弹的开发中发挥了重要作用，并发表了相关的文章，但他的这一时期的工作在大多数文章中都被忽略掉了。

因此，冯·布劳恩在美国接受的第一个订单又是一个军备项目，他和他的同事们一点也不反感，而是"充满热情地"[143]执行了这个项目。尽管他有在纳粹德国的经历，但他对武器研究的机会主义态度并没有改变：他追求一个愿景，将其投入到一个项目中并因此可以负担得起舒适的生活。他仍然忠于自己的军人道德，"他总是对上级绝对忠诚，他尽最大努力成为……一个优秀的团队伙伴，他总是能完全控制住分配给他的项目"。[144]冯·布劳恩生活在一个命令和服从的世界里，只要他能享有个人自由，他就会感到舒适。

他对在亨茨维尔工作的最初计划远不止"红石"项目。早在1949年，在托夫托伊的启发下，他就有了大型多用途火箭助推器的构想，在随后的几年中他进行了具体说明，并在50年代初发表的多篇论文中进行了详细描述。在其中，他概述了用于军事目的的空间站的场景，该空间站能充当侦察平台和核导弹发射台，从而使美国能够主宰全世界。这个未来的"星球大战场景"建立在一个巨大的三级液体推进剂火箭的基础上，这种火箭的高度为90米，起飞重量为7000吨，有效载荷为36吨（"土星"5号的高度为105米，起飞重量为2750吨，有效载荷为120吨）。这将是首先拥有它的国家的"终极武器"。因此，可以利用火箭技术来使"世界和平的问题……得以解决"。[145]

冯·布劳恩的方案是将超级火箭的第三级送入绕地球 1730 千米的轨道，就像今天的侦察卫星一样，每天就从地球上的每个点飞过一次。通过 12～14 次飞行，可以组建一个直径为 80 米的轮盘形式的"空间站"，200～300 名宇航员可以在其中停留。空间站的主要作用是军事侦察，因为建在空间站上面的雷达望远镜可以"掀开任何一扇铁幕"，"从而震慑住任何形式的大规模军事行动"。[146]这样一来，就可以避免第三次世界大战。这一方案是针对朝鲜的突然袭击而量身打造的，后者已经发现了美国侦察行动中的一些缺陷。

此外，冯·布劳恩把空间站吹嘘成是"太空火箭的发射平台，几乎没有任何武器能攻击它"。[147]他详细描述了如何操纵这些装备核弹头的导弹去打击敌方导弹及指挥阵地目标的方法，还包括打击核电站，没有任何道德上的顾虑。空间站的脆弱性最终导致他建议要采取先发制人的打击策略，以防止敌人，也就是苏联，拥有自己的航天能力。"如果我们能够……部署好我们的人造卫星及其空对地导弹，我们就可以在敌

韦恩赫尔·冯·布劳恩的火箭项目

型号	功能	首飞	长度（米）	起飞重量（吨）	推力（千克力）	有效载荷（千克）	航程（千米）
A1	测试实验品	1933年	-	-	-	-	-
A2	试射火箭	1934年12月	1.61	0.107	300	0	-
A3	试射火箭	1937年12月（发射失败）	6.74	0.740	1500	0	-
A5	试射火箭	1938年10月	6.74	0.740	1500	0	18
A4	V2中程导弹	1942年10月	14.30	13	25000	1000	270～385
A9、A10	洲际导弹	1941年，概念型	26.00	100	205000	1000	5000
多用途发射火箭	运载系统	1949年，概念型	90.00	7000	15000000	36000	-
"红石"	中程核导弹	1953年8月	21.00	28	34000	3000	320
"木星"C	试射火箭	1956年9月	21.73	29	37650	15	-
"木星"	中程核导弹	1957年3月	18.30	54	68000	1350	2400
"土星"1B	用于"阿波罗"计划的运载系统	1966年2月 载人飞行：1968年10月	67.50	547	817200	16000	-
"土星"5号	月球火箭	1967年11月 载人飞行：1968年12月	105.00	2750	3944800	120000	-

人试图攻击我们的太空堡垒之前无情地将其消灭。空间站可以在敌人的航天器发射之前就将其消灭，万无一失。"[148]

这些全能的幻想让人想起 1930 年的卢内塔故事和在那里散播出的统治世界的技术官僚愿景。这些愿景还指向佩内明德，因为在那里也本打算研发出一种终极武器。然而，在战争技术史上，通过技术手段终结战争的希望一直被证明是具有欺骗性的，因为新武器往往没有预期的性能，而且还常常带来反作用。就军事战略而言，冯·布劳恩的方案不太可靠，因为在太空部署核导弹的风险与敌人秘密进行反制的可能性一样很高。批评者进一步指出，空间站这种不具备装甲能力的巨型塑料家伙很容易被敌人以极小的代价攻击和摧毁。他们认为布劳恩巨型火箭的尺寸远远超出了专家圈子认为可行的范围。冯·布劳恩被认为是"世界上最有争议的火箭科学家"，他的出现引发了"激烈的争论"。[149] 许多人认为冯·布劳恩是一个"讨厌的疯子"，他用悲观的预言试图引起"军队中的恐惧心理，以便更快地实现他雄心勃勃的计划"。[150]

他向五角大楼寻求支持，五角大楼不感兴趣，而以无人侦察卫星与地面或潜艇发射的洲际导弹相结合的方案却在50年代初慢慢成型。

比起使亨茨维尔的火箭研究合法化所必需的工作，冯·布劳恩在太空战略主导的方案上走得更远。他使自己成为50年代开始的军备竞赛的倡导者。他以太空军事化思想先驱的身份从中获益，其核心思想就是："谁主宰了太空，谁就主宰了地球。"[151]和在纳粹德国时一样，他巧妙地将建造超级火箭的梦想置于政治军事的背景之下。他追求政治利益的风格没有改变。此外，他对人类的牺牲同样没有表现出任何疑虑："我们希望我们不必使用它们（太空武器），但在最坏的情况下，想要实现最大的威慑效果就需要制造出最大的破坏效果。"[152]冯·布劳恩也同样提到了空间站的非军事应用，但只是顺便说了一句，非常模糊：在完成了防止第三次世界大战的本来任务后，空间站可以用作"人类进入太空的跳板"。[153]他将这一观点概述如下："人造卫星可能是一种可怕的武器，但希望它能主要用于和平研究。"[154]

随着 1951 年 7 月朝鲜战争热战阶段的结束，在实现超级火箭和空间站的道路上，美国陆军火箭研究的不确定性太大。"红石"项目的资金被削减，第一批员工转移到行业中的高薪岗位。此外，成立于 1947 年的美国空军因其导弹项目成为越来越强大的竞争对手，引发了人们对陆军可能被挤出导弹研究事业的担忧。在这种情况下，冯·布劳恩转向公众，这对他来说是一个不寻常的步骤，他最后一次在公众前露面还是凭借其 1932 年发表在《展望》上的文章。实际上，他更喜欢"佩内明德模式"，有一个装备精良的研究所，他可以在那里掌控和统治，不理会别人说三道四。"理想的状态是，百分之百地保密和拥有我们需要的所有资金。"他的要求是，研究不要受到外部干扰，只根据其结果来接受评判。"我希望某人能有这个权威，他能告诉我：'好吧，我们同意让你安安静静地待两年，但如果你没有取得成功，那就要了你的命。'"[155] 与冯·布劳恩口中所指责的苏联相反，这在美国是不可能实现的。在这里，积极的公关工作对于获得政治支持和资金援助至关重要。

由于50年代初无法在美国获得像佩内明德那样的条件，冯·布劳恩不得不以非同寻常的方式来宣传他的项目。他做报告、接受采访、为流行杂志写文章、出现在电视上，甚至上儿童节目。他成了"某种类型的传教士"。[156] 作为一个四十岁的人，冯·布劳恩的外表很有吸引力，看上去很年轻，还保留了一股少年般的魅力。他也学会了用新的语言去吸引他的观众，让他们为他的事业而兴奋。他的公众活动的第一个高潮是1951年10月12日在纽约海登天文馆举行的研讨，这次会议引起了很大的反响。文章发表在著名的《科利尔杂志》上，冯·布劳恩和他的战友们在1952年3月至1954年4月期间发表了一系列文章，以通俗的形式介绍了他们的项目，从而宣传了太空航行。他们取得了压倒性的成功，冯·布劳恩一举成为家喻户晓的著名人物。尤其是他飞向月球的想法在公众中塑造了一个"宇宙哥伦布"[157] 的形象，有助于载人航天飞行的想法实现突破。

此外，冯·布劳恩引起了沃尔特·迪士尼的注意。1955年3月9日，耗资不菲的迪士尼电影《太

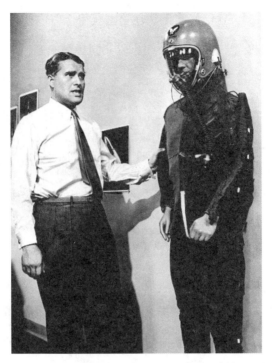

韦恩赫尔·冯·布劳恩在迪士尼乐园的《太空来客》表演中与一个穿飞行员制服的模特站在一起

空漫谈》（*Der Mensch im Weltraum*）在电视上播出，为太空航行理念的普及做出了重大贡献。接下来是电影《人与月亮》（*Der Mensch und der Mond*）和《飞越火星》（*Der Mars und Weiter*）。这些媒体活动大大提高了冯·布劳恩的名气，以至于他的签名可以在中小学生中以二比一的比例去交换埃尔维斯·普雷斯利（Elvis Presley）*的签名。就连当时第一次了解到太空航行计划的艾森豪威尔（Dwight D. Eisenhower）总统也对此留下了深刻的印象。

为了满足人们对他的欢迎，冯·布劳恩像着魔了一样地工作。他是个工作狂。一天工作 14 个小时是家常便饭，他还要求员工在工作上高度投入。他曾经说过，"领导就是为员工的胃溃疡而操心的人"。[158]他总是早上第一个到办公室，但经常工作到"午夜以后，有时直到凌晨三四点"。[159]他会喝很多咖啡，吸很多烟；冯·布劳恩是个烟鬼。晚上，他经常坐在望远镜前或写他的手稿。"经过一天紧张的讨论……这是一个愉快的放松时刻，我想象自己来到了月球表面，开始用生动的描写记录下在那里等待着宇航员去经历的种种令人兴奋的冒险……我给自己调了一些马提尼酒，放上一张勃兰登堡音乐会的碟片，然后就写啊写……直到玛丽亚起床并提醒我两小时后必须到办公室去。"[160]

---

* 美国著名摇滚歌手及演员，即猫王。——译者注

他根本没时间留给自己的家庭。他的妻子说："和他结婚的是火箭，他跟火箭在一起的时间比跟其他任何东西都多。"[161]她的情况与许多几乎见不到丈夫的"太空航行者家里的寡妇"[162]相似。女儿艾瑞斯在七岁时曾向父亲提出过建议，"他应该放弃自己的职位，买一家药店，像其他人一样乖乖地待在家里"。[163]此外，冯·布劳恩以极大的热情去从事他的许多其他爱好活动，并表现出与工作中一样的完美主义。1933年，他获得了飞行员执照，后来他补充上了其他的执照。就像在佩内明德一样，他尽可能经常去驾机飞行。在周末，他经常出去潜水、驾驶帆船、滑水、徒步旅行或骑马。冯·布劳恩对体育活动的迷恋是无止境的。他是一个贪图享乐的人，甚至不愿为了家庭放弃个人的自由空间。然而，也有报道称他是一个"幸福的居家型父亲"，[164]会尽可能经常与妻子和孩子们在一起。

他的妻子喜欢公开披露这位火箭天才的另一面："我丈夫……了解整个技术领域。他领导着一群科学家，能分清大型火箭的数百万个零部件。但在我们家，有一些电气设备也会坏，现在坏掉的是洗衣机，这个时候我不得不求他很长时间，他才会去修好这些东西。这不是很搞笑吗？"[165]在一次聚会上，冯·布劳恩得知他的妻子拿着一个钻孔机自己动手修理房子。对于丈夫的惊讶，她的反应是相当恼火："没关系的，韦恩赫尔，因为无论如何你反正是不会去弄什么钻孔机的，你肯定会把自己搞受伤的。"[166]

除此以外，人们对冯·布劳恩家族的私生活知之甚少。只有一篇1963年登载在当地报纸的一篇由女儿玛格丽特写的文章让人们了解到一点点幕后的情况。她写了她的父亲："他最喜欢的食物是意大利面、牛排、鱼和中国菜……奇怪的是他饭后总是要计算下摄入了多少卡路里的热量。他在家里表现得很好，但母亲有时得提醒他把手肘从桌子上挪开。父亲总是想在房子里和花园里都成为一个伟大的全能者。大多数时候他都成功了，但很多时候他不得不跑遍全城去寻找某个特定的地方，然后带回来错误的东西……当我十四岁的妹妹表现不好时，他会对她非常生气，发表一通长篇大论，这通常会有所帮助。当我妹妹和我吵架的时候，他就会暴跳如雷，接下来他总是会大喊大叫，'我下班回家是为了得到一些平静和安宁，并能够跟你们的妈妈说说话！'"[167]冯·布劳恩一家是一个有着传统分工的家庭：玛丽的分工是支持她的丈夫，以使他有精力去为他的太空航行项目打广告筹款。

冯·布劳恩在《科利尔杂志》和第一部迪士尼电影中演示的项目是轨道侦察和战斗站，他还补充了一些如天文研究、地球观测、天气预报和飞往月球、金星和火星等军事色彩较少的计划。然而，军事应用是他介绍空间站的重点。他多次将空间站描述为"卓越的观察站"，"其望远镜和照相机……使得任何国家长时间隐藏其战争准备的企图都昭然若揭"。此外，有人对这种通过先发制人的打击来防止战争的想法提出质疑："尽管通过空间站采取先发制人行动可能是有效的，但它的防御性导弹毕竟是打响了一场战争的第一枪，而它本来是要阻止战争的。"[168]冯·布劳恩对这些担忧置之不理，坚持这种掌握太空控制力量的政策。

韦恩赫尔·冯·布劳恩与妻子和孩子们在华盛顿，拍摄于 1967 年

　　冯·布劳恩比以前更详细地描述了三级超级火箭，其中第三级被设计为类似飞机的载人滑翔机的形式。他还用外行人也能看得懂的语言生动地描述了宇宙中的生活和工作条件，以及如何在烧得炙热的航天器中返回地球等仍未解决的问题。他还建议让空间

保持旋转以产生"人造重力"，使人能更好地适应在太空飞船上的生活。早在50年代初，他就确信："空间站的发展就像日出一样不可逆转；人类已经把他们的鼻子伸进了太空，不会再抽回来。"在这里面，"军事原因"是决定性因素。他将自己的愿景投射到敌人身上，由此要求美国必须采取果断行动："如果不是出于维护和平的目的而建造空间站，那么它就可能被其他国家作为前所未有的破坏手段而建造出来。因此，在这种考虑的驱使下，空间站将成为现实。"[169]通过将他的计划嵌入地缘政治冲突的场景之中，冯·布劳恩使空间站的建设成了看似刻不容缓的迫切需要，使得美国政府不得不为他的超级火箭项目提供资金。根据赖纳·艾斯费尔德的说法，这种对太空航行的军事和权力政治理由的执着是"笼罩在韦恩赫尔·冯·布劳恩的所有太空航行计划上的军事……阴影"。[170]

然而，鉴于获得军方资金的前景有限，申请赞助的理由在50年代发生了变化：太空航行和飞往月球或火星计划的科学和商业应用价值越来越突出，但还没能取代军事目的。冯·布劳恩是一位营销大师，他把自己最喜欢的超级火箭项目有时作为终极武器去吹捧，有时作为飞往月球的工具去推销，从而获得了必要的支持。当然，在强调空间技术的双重可用性时，冯·布劳恩会表现出犹豫不决，这与他反复说的自己心中只有太空航行这一件事的断言会产生矛盾。考虑

建造月球站的月球飞船模型。摘自韦恩赫尔·冯·布劳恩在1952年《利利尔杂志》上发表的文章

到 1958 年美国航空航天局（**NASA**）成立之前，没有非军事火箭研究的有利环境这一现实，他认为这种对单一选项的执着是不恰当的。

"征服月球"是 1952 年年末在《科利尔杂志》上向公众展示的第二个项目，后来还以书籍和电影的形式向公众推出。在这里，冯·布劳恩详细叙述了三艘宇宙飞船的探险故事。共有 50 名成员乘飞船前往月球，在六周的停留期间，他们探索和研究了这颗地球的卫星。每艘飞船高 49 米，重 3964 吨，其中燃料重 3900 吨。尽管尺寸如此巨大，冯·布劳恩还是把这次飞往月球的旅程描述得很容易完成，只需要 5 亿美元就可以实现，因而是一项"相对简单的行动"。如此乐观的计算是基于一个后来被称为"地球轨道会合"的概念："月球飞船"[171] 的组装是在轨道上完成的，附近就是已经开始运行的空间站。因此，运输这些元素需要三级超级火箭进行 360 次飞行才能完成，但其费用不包括在 5 亿美元之中。航天器不可能直接从地球发射到月球上去，那将需要一枚无比巨大的火箭，就算是今天也实现不了。因此，冯·布劳恩建议要利用空间站作中转基地。

与飞往月球类似，冯·布劳恩的第三个大项目，计划中的火星和金星探险，也预设以空间站和超级火箭舰队作为未来的基础设施。除了计划持续两年半和更高的燃料需求之外，火星项目与探月飞行几乎没有区别：在这里同样有一个 50 到 100 人的大型探险队将以"太空中的空间站作为跳板"[172]出发前往邻近的星球。然而，除了征服太空，这项事业还应起到什么作用，这与探月飞行一样是不明确的。在失去军事上的合法性以后，冯·布劳恩不得不越来越多地用理性难以说明的动机去加以解释，比如人们的好奇心或探索欲。

通过空间站、探月飞行、火星飞行，这三个大项目在 50 年代中期建立起太空计划的支柱，并深深刻印在冯·布劳恩随后的工作之中。他们还影响了美国的太空政策，如 60 年代的"土星 – 阿波罗"项目，80 年代的航天飞机，以及在世纪之交按照冯·布劳恩所预示的方向所建立的国际空间站，尽管它规模较小，建造速度也较慢。

卫星项目（1954—1957）

1954 年年中，冯·布劳恩的梦想看上去似乎就要实现了。海军研究部部长乔治·胡佛（George Hoover）和国际宇宙航行联合会主席弗雷德里克·杜兰特（Frederick Durant）邀请冯·布劳恩和其他火箭专家于 1954 年 6 月 25 日碰面，交流思想。双方就海军和陆军之间联合开展卫星项目达成一致：海军将建造一颗 2.5 千克的太空探索卫星，1956 年夏天用"红石"火箭发射升空。该项目被命名为"奥比特"（Orbiter），它以现有技术为基础，预算仅 10 万美元，被称为"无成本卫星"。1954 年 9 月，冯·布劳恩在一份题为《最小型卫星飞行器》的秘密报告中对这些计划进行了总结。在这里，他用自己的权威论据向决策者施加压力："人造卫星的生产，不管它这 5 磅材料有多容易造出来，那都将是一项具有巨大意义的科学成就。由于利用现有的火箭和制导技术，这一项目可以在几年内实现，因此可以合理地假设其他国家也可以这样做。如果我们不首先这样做，这将是对美国声望的沉重打击。"[173]冯·布劳恩因此而导演了太空竞赛,将自己的计划归咎于潜在的竞争对手,从而证明了对某种特殊计划的需求。1955年1月,"奥比特"项目被提交到国防部,但没有得到希望中的回应。

自1945年以来,发射人造地球卫星的提议一直在蓬勃发展。科幻小说作者阿瑟·C.克拉克(Arthur C. Clarke)早在1945年就提出了地球静止轨道通信卫星的概念。一个来自关于"国际地球物理年会"(IGJ)的观念对后来的发展起到了特殊的推动作用。自1950年以来,在科学家中一直广为流传,1957年至1958年将会是一个太阳活动最活跃的时期,科学家们倡议要在全世界进行协作研究,而且要使用人造卫星。经过长时间的讨论之后,国际地球物理年会规划委员会在1954年10月4日向67个成员国提议应"考虑发射小型卫星"。[174]这一提议导致大国之间为获得全世界科学家的肯定而进行竞赛。1955年7月28日,首先是美国宣布将在国际地球物理年年会期间发射一颗卫星,两天后苏联也发表了同样的声明。

然而,科学家们不知道这一切背后正在进行一场博弈，他们不了解其中的逻辑。冯·布劳恩也一再收到来自华盛顿的指示，这些指示看上去似乎完全不可理喻。这些事情只能放在美国外交、军事和太空政策的整体背景下理解，其细节长期保密，直到 20 世纪 80 年代美国历史学家沃尔特·麦克杜格尔（Walter A. McDougall）才将其挖掘出来。早在 1946 年，美国空军的智库兰德公司就建议进行一项关于地球卫星的研究，该研究将评估卫星作为侦察和战斗站的军事功能，但最重要的是强调其科学价值和声誉价值。1950 年 10 月 4 日，它提交了这份秘密报告的更新版本，其中明显更详细地分析了地球卫星的政治和军事功能，根据麦克杜格尔的估计，这可以视为"美国太空政策的出生证明"。[175]

兰德公司尤其强调了使用侦察卫星作为获取苏联等封闭社会信息的手段，在这些保密措施严格的国家中很难进行窥探。兰德公司认为最大的问题是卫星飞越外国领土的合法性这一悬而未决的问题。对于领空有明确的规则，但对宇宙空间却没有这样的规则。兰德公司认为，如果苏联将从太空中飞越本国领土解释为敌对行为，这可能会产生不可预测的后果。由于卫星发射不能保密，有人提议，最初可以发射一颗打着和平标记的"实验卫星"，它不飞越苏联领土，"测试太空航行自由的问题"，然后再接着发射侦察卫星。因此，对美国战略而言，对卫星的新闻和"政治处理成了决定性因素"。[176]1955年3月16日，空军决定对WS117L卫星进行严格保密。这些是高科技设备，而不是像两年以后让全世界激动不已的"斯普特尼克"号（Sputnik）*那样简单的"寻呼器"。美国更关心的是长期战略利益，而不是一时轰动效应。这项在1955年制定的计划构成了发现者系列侦察卫星的基础，从1959年2月开始发射这些卫星，由此确立了美国在军事航天领域的主导地位。

美国并不急于成为第一个发射卫星的国家，由此对冯·布劳恩的过分热心必须加以遏制。这是一场不平等合作伙伴之间的游戏："华盛顿确切地知道了亨茨维尔发生了什么。而亨茨维尔却不知道华盛顿的计

---

*"斯普特尼克"号卫星是苏联研制的，并于1957年10月4日发射的第一颗人造地球卫星。　译者注

划。"[177] 在这种情况下，国际地球物理年会向五角大楼里的规划者提供了他们一直在等待的先例：发射一颗其和平性质不容置疑的卫星。尽管美国可能会失去名声，但保护秘密侦察卫星是绝对优先的选项。具体而言，其目的是要让卫星的发射不取决于联合国等国际机构是否批准。这种双管齐下的方法成为美国太空航行的标志，美国太空航行经常使用或滥用民用项目作为军事项目的挡箭牌。

冯·布劳恩希望美国发射第一颗卫星。1955年8月，由霍默·斯图尔特（Homer Stewart）领导的一个国防部下设委员会以微弱多数决定反对"红石"、"奥比特"计划，支持海军将其"维京"（Viking）导弹发展成更强大的"先锋"号（Vanguard）火箭，从而以此方式完成美国对国际地球物理年会做出贡献的承诺。回头来看，这是一个错误的决定，但这一决定的政治逻辑似乎是合理的，因为这不是仓促行事，而是为了维护美国太空计划的和平形象。作为中程核导弹的"红石"将成为一个糟糕的宣传广告，由于冯·布劳恩的过去，它也容易成为苏联政治宣传的攻击对象。[178] 甚至在美国国内，许多人也认为"第一颗美国卫星应该是由美国人，而不是德国人发射上去"。[179]在这方面，美国工业界开发的"维京"比"红石"更适合政治战略背景。

然而，不知道这些背景的冯·布劳恩并没有放弃。他不会简单地接受上面的指示。他不知疲倦地推动他的计划，指责政客们拖延。因为"苏联和美国在太空中的竞赛"早已开始。在他看来，"缺乏一只有力的手……来协调所有的计划和雄心勃勃的企业"。[180]尽管陆军被禁止从事卫星项目的所有工作，但这些计划还在秘密进行中。"我们在亨茨维尔不能就那么随便地把关于卫星的想法抛之脑后，我们也没有报废我们的卫星相关硬件。"[181]不幸中也有万幸。1953年苏联氢弹爆炸。从1954年开始在敌对的超级大国之间展开了洲际弹道导弹的军备竞赛，在美国各军种之间也开始了激烈竞争。各方都想在国防预算中争取尽可能大的份额。

1954年6月21日，美国决定将空军的"阿特拉斯"（Atlas）洲际弹道导弹项目列为重中之重。为了填补其发展估计所需的5年空窗期，需要有一种快速可用的中程导弹。这对陆军来说是一个千载难逢的机会，它能够提供美国最先进的运载系统"红石"。1956年2月1日，它因此升级了亨茨维尔研究中心，在将军约翰·梅达里斯（John Medaris）的领导下建立了陆军弹道导弹局（ABMA）。冯·布劳恩仍然担任发展部部长，该部门更名为发展业务司。他现在的任务是开发单级中程导弹"木星"，射程2400千米。

韦恩赫尔·冯·布劳恩与约翰·梅达里斯（左）和J.E.弗罗里奇（J. E. Froelich）在卡纳维拉尔角，拍摄于1958年

他"喜出望外"[182]，终于能够着手于他梦想已久的大型火箭项目了。然而，这一次又是武器系统，而不是太空火箭，尽管木星在文学中总会有那么些传奇色彩。冯·布劳恩现在又有了一个新主管梅达里斯，他和新上司相处得非常好，而他此前和托夫托伊的合作并不总是那么顺利。

新任务最终显示出比"奥比特"项目更高的价值。在很短的时间内，冯·布劳恩就造出了木星火箭这种强大的运载系统，这是卫星业务中一张珍贵的王牌。冯·布劳恩非常清楚这些战术可能性，他告诉他的工作人员："如果我们被要求发射一颗卫星，我肯定这个时机一定会到来，我们就得迅速添加第三级火箭，修改操作和控制系统，把卫星放在顶部，即使不违反他们对我们施加的限制规定，我们也能做生意！"[183]

"木星"项目被赋予了最高优先级，因此有充足的资金流入。冯·布劳恩部门的员工人数在 1955 年为 2000 人，然后迅速上升到 3500 人，1960 年已经超过 4500 人。面对美国技术工人短缺的局面，一些德国专家被带到亨茨维尔，包括海因茨－赫尔曼·科勒（Heinz-Hermann Koelle），他很快就升到了部门负责人的位置。[184] 然而，冯·布劳恩并不满足，因为不断的反复来回不符合他不受外界影响持续工作的愿望。他抱怨时间太紧，可能导致火箭坠毁和"对远程导弹的突然需求"。他还警告说，随着蓬勃发展的导弹工业用高薪吸引人才，不断有人从这里离职，"少数经验丰富的开发团队有解体的危险"。[185] 甚至他的弟弟马格努斯也被克莱斯勒汽车厂吸引过去了，那里有一个高薪的董事职位向他招手。冯·布劳恩的反应是矛盾的：虽然他实现了他的目标，但他不能做他自己认为合适的事情，而是陷入了一张各方利益博弈的大网。

此外，对"木星"计划获批的喜悦并没有持续太久。早在1956年11月26日，华盛顿方面就发出指令，陆军只能发展射程在320千米之内的导弹，而空军有"雷神"导弹、"阿特拉斯"导弹，还有后来的"民兵"导弹，海军有潜射"北极星"导弹，这些是射程更远的导弹。通过这种方式可以避免同质化竞争；此外，很明显，液体燃料导弹由于发射准备时间长，在只有几分钟预警时间的军事场景中几乎没有什么价值。那场著名的关于决定权和优先权的争斗拉开了大幕，而冯·布劳恩从经验中知道该如何处理它。根据一本传记，他"没有被官僚主义和缺乏理解做斗争的艰苦……所吓倒。凭借坚定不移的执着……和对技术冒险的沉迷，韦恩赫尔·冯·布劳恩成功应对了所有这些不可预测性、困难问题和惊人局面。"[186]陆军成功完成了"木星"项目；然而，作战行动被转移到空军。

在惊人的短时间内就制造出一种新型火箭，它可以根据不同目的调整配置。"木星 A"是一种改良的"红石"导弹，从1957年3月开始大量发射用于测试。作为中程核导弹，它从1960年开始部署在南欧和土耳其，之后苏联在古巴部署了苏联运载系统，将世界推向核战争的边缘。名为"木星 C"的四级火箭以"红石"导弹为第一级，最初旨在发射"奥比特"轨道器卫星。它被重新改造，旨在解决"导弹弹头再次进入大气层时气动加热"[187]的关键问题，这对远程导弹的发展至关重要。为了防止弹头在返回地球时被烧毁，冯·布劳恩开发出了烧蚀方法，其细节长期以来一直是导弹技术的秘密之一：导弹尖端在重新返回大气层之前与导弹分离，其设计可使外皮缓慢蒸发，并通过不断释放的热量来保护下面的弹头。

"木星 C"的首次发射是在 1956 年 9 月 20 日。它展示了多级火箭的工作原理，并创造了 1100 千米高度和 4800 千米距离的新纪录。因此，当时有可能领先于苏联人发射第一颗美国卫星。因为这次发射的情况众所周知，五角大楼于是"派遣检查员前往卡纳维拉尔角，以确保其没有可用于发射卫星的活跃第四级"。[188] 冯·布劳恩试图获得华盛顿方面的许可，以免错过这个历史性的机会，但却徒劳无功。他没有意识到华盛顿正在执行其他更重要的选择。尽管得不到政治授权，但为了保住自己的机会，他储备了两枚"木星 C"火箭，这些火箭可以在"斯普特尼克"号人造卫星发射后迅速解封并投入使用。然而，他坚持声称自己是第一个到达太空的人：早在 1956 年 9 月，他就"向太空发射了"[189] 有效载荷；而这枚火箭所携带的弹头甚至是"有史以来第一个从太空中回收的人造物体"。此外，他推开了载人航天事业的大门；因为对于载人飞行任务来说，返回地球也是一个临界点。早在 1959 年 5 月，一枚"木星"火箭就将两只猿猴"阿布"和"巴克"送上了太空，以此证明了"生物可以穿越太空并安全返回地球"。[190]

"红石"模块化系统实现了进一步的配置，例如，"朱诺"（Juno）1 号卫星运载器和更强大的"朱诺"2 号发射了许多美国的研究卫星，用于探索地球、月球和行星，其中包括美国的第一卫星"探险者"号（Explorer）。此外，"红石"号能够将载人水星太空舱送入太空进行短距离弹道飞行。只是，要将太空舱发射到地球轨道，"红石"号还做不到。冯·布劳恩由此拥有了经过验证的火箭系统，可应用于各种任务。"红石"号和"木星"号的"主要作用"是军事行动，但"它们也在此之外为美国太空计划做出了宝贵贡献"。[191] 此外，有迹象表明，"朱诺"火箭有望进一步发展成为强大的运载系统，它从 1957 年起被命名为"朱诺"5 号，并发展为实现人类首次登月的"土星"火箭。

开启太空时代（1957—1959）

1957 年 7 月 1 日，国际地球物理年年会拉开大幕，越来越多的迹象表明美国和苏联将发射自己的第一颗人造地球卫星。当苏联的"斯普特尼克"号人造卫星于 1957 年 10 月 4 日发射升空后，华盛顿方面感到相当满意，因为它确保了卫星飞越别国上空的合法性。然而，华盛顿误判了公众的反应。全世界都在追踪天上的那个新物体，每个无线电爱好者都能接收到它的信号，兴奋和恐惧的情绪交织在一起。苏联认为"斯普特尼克"号是共产主义优越性的证明，并赋予其被压迫者得到解放的象征意义。在美国，"斯普特尼克"号人造卫星也被许多人视为技术劣势的证据，以及美国所遭受的现实军事威胁。在卫星领域与苏联存在差距的想法在美国人的头脑中扎下根来。

尤其是作为美国参议院中民主党多数派领袖的林登·B. 约翰逊（Lyndon B. Johnson）利用"斯普特尼克"号卫星作为对艾森豪威尔进行全面清算的工

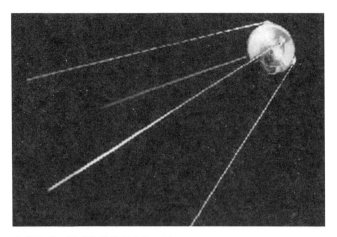
人造地球卫星"斯普特尼克"1号

具。他策划了一场运动，指责总统蒙头大睡，错过了未来，让美国作为全球领导者的声誉蒙羞。1957年11月，苏联的"斯普特尼克"2号卫星搭载了一条名为"莱卡"的母狗发射升空，美国人此前的兴奋之情升级为真正的恐慌，并以"'斯普特尼克'号冲击波事件"的名称被载入美国历史。白宫随后宣布对"先锋"号火箭进行测试，正式尝试将美国第一颗卫星送入轨道，这让有关负责人大吃一惊。12月6日，数百万观众在电视上目睹了火箭发生爆炸，这被认为是美国无力与苏联人对抗的有力证据。"先锋"号由此被称为"破烂"号和"失败"号[*]。

艾森豪威尔政府本可以轻而易举地驳斥政治对手的所有论点。但这样一来就不得不公开卫星和火箭项目的秘密。此外，这与艾森豪威尔的政治信念相矛盾，他不允许自己在内部或外部政治对手的压力下做出决定。因为他担心大规模技术项目就需要国家大规模扩张其事务范围，这将不可避免地导致技术官僚主义或"军工集团"[192]的统治，由此可能会改变美国政治制度的本质。

很多人都认为艾森豪威尔的风格保守，更倾向于技术官僚主义，冯·布劳恩也属于持这种观点的人。在与候任国防部长尼尔·麦克罗伊（Neil McElroy）谈话时他获悉了第一颗"斯普特尼克"号人造卫星发射的消息，这让他大吃一惊。冯·布劳恩多年来不得不强迫自己保持克制，但现在他再也忍受不了了。他"就像被装上了一个留声机唱针一样"对着部长喋喋

---

[*] "Kaputnik"与"Flopnik"这两个词应该是分别来源于"kaputt"（破烂的，毁坏的）和"Flop"（失败者，不成功的人），人们将"斯普特尼克"号（Sputnik）一词的"nik"与这两个词戏谑地组合在一起，是对美国"先锋"号火箭的嘲讽。——译者注

不休："'先锋'号永远都做不到这个。我们有火箭啊。看在上帝的分上，请您放手让我们去弄吧，让我们做点什么吧，麦克罗伊先生，您可以在六十天内从我们这里得到一颗卫星！"[193] 梅达里斯不得不让他这位头脑发热的发展部部长冷静下来，尽管他们储备了两枚火箭，但九十天的最后期限似乎才会让这位火箭中心的领导更好受一些。然而，面对压力，麦克罗伊并未让步，禁令依然有效。于是，梅达里斯和冯·布劳恩想"靠自己"[194]来着手做好发射"木星 C"的准备。

　　"斯普特尼克"2号人造卫星扭转了局面。梅达里斯和冯·布劳恩现在拿出了撒手锏，以辞职作为威胁。艾森豪威尔在紧张的政治氛围中别无选择，只能屈服。11月8日，五角大楼发出指令，将发射一枚"木星 C"火箭的计划与"先锋"号计划并行开展。尽管冯·布劳恩希望由自己来建造科学的有效载荷，但他收到指示，要求他将这个子项目嵌入到国际地球物理年年会的环境中去，并将其委托给民间机构的科学家。在很短的时间内，詹姆斯·范·艾伦（James Van Allen）和威廉·皮克林（William Pickering）建造了"探险

发射台上的"木星C"运载火箭，
顶端上是"探险者"1号

者"号卫星，其最重要的仪器是盖革计数器，他们用这个仪器发现了范·艾伦辐射带这一围绕着地球的强烈辐射区域，它会对太空任务构成威胁。1958年1月31日，在华盛顿打开"绿灯"之后不到九十天，一枚"朱诺"1号火箭将"探险者"号卫星成功发射升空，美国的自信心得以重建。此外，陆军不仅赢得了与苏联人的比赛，还胜过了海军，因为海军直到1958年3月才成功发射出"先锋"号火箭。冯·布劳恩被看成了英雄。从那时起，他就是这个国家的伟大人物，他的话有举足轻重的分量。

　　冯·布劳恩在华盛顿五角大楼目睹了"探险者"号的发射。由于轨道计算的错误，卫星在第一次轨道运行后比计划时间晚了 8 分钟出现在加利福尼亚上空。在那段时间内，不能排除失败的可能性。冯·布劳恩后来回忆说："额外的那 8 分钟是我一生中最紧张的时刻。皮克林和我非常绝望，却绝不能表现出来，因为在我们身边的全都是大人物。我们必须表现得信心十足，让每个人都相信一切都尽在掌握。"[195]"探险者" 1 号仅重 8 千克，与 83 千克重的"斯普特尼克"号人造卫星相比就是个小不点儿，所以经常被认为是美国人自卑的标志。但"探险者"号卫星证明的是美国电子元件微型化上具有的优势，这最终会比苏联火箭提供的额外推力更有价值。此外，比起"斯普特尼克" 1 号来说，"探险者"号的程序能提供更有用的数据。在首个"探险者"卫星之后，接下来的几年里又发射了一系列其他卫星，保证了对地球大气层的系统探索，并有助于空间系统和技术的进一步发展。

但对冯·布劳恩来说，研究卫星只是迈向更高目标的第一步，他在文章、报告和国会听证会上不厌其烦地宣传这些目标。他和梅达里斯利用这一时机向国防部提交了几份备忘录。1957 年 12 月提交的《关于发展火箭和太空航行器的综合国家方案的建议》主要是提出一种包括 700 吨推力的大型火箭的概念，最初被命名为"朱诺"5 号，后来的实现形式是土星 1B。他们还进一步提交了一份规划期为 15 年的太空计划提案，该计划集中体现了冯·布劳恩式的思想理念：1963 年实现载人绕月环行，1965 年建成空间站，1967 年实行三人登月航行，最后在 1971 年派出

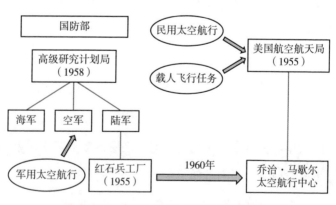

20 世纪 50 年代末美国空间政策的组织结构

一支 50 人的探险队建立一个月球基地。作为载人航天的第一步，亨茨维尔方面在 1958 年 1 月提出了"高空人计划"（Project Man Very High），预计在亚轨道飞行时会出现 6 分钟的失重状态。该项目主要作为运兵方案推出，与空军的"太空人即刻计划"（Man in Space Soonest）形成竞争关系，后者主要是环绕地球轨道和登月行动。

这些建议旨在让陆军能为太空航行机构的排序竞赛打下更好的基础，因为到 1957 年年底，华盛顿将决定武装部队的这三个分支中的哪一个将获得合同。美国国防部高级研究计划局（ARPA）于 1958 年 1 月成立，并受命管理美国所有太空项目，令这些争端暂告平息。

冯·布劳恩对美国太空航行的未来发展有明确的想法，他多次向公众宣传自己的想法。本着约翰逊身边鹰派的精神，他将"斯普特尼克"号人造卫星视为决定国家命运的试金石。他认为苏联的目标是统治世界，美国将不得不做出"前所未有的牺牲"来重新赶超苏联的领先地位。[196] 除了一个"作为国家优先事项"[197]来执行的全面太空计划，冯·布劳恩还提倡回归美国价值观，因为"美国的先锋精神"已经丧失了。很少有美国人会明白，"战斗已经打响，这是一场为了人类最终命运，同时也是无尽的开拓前沿而进行的战斗"。[198]他的要求充满了民族象征意义，"对于我们作为一个自由国家的存在而言，在太空中展开美国国旗是非常必要的事情"。[199]他还警告人们不要低估苏联及其技术能力。佩内明德的经验向他表明，即使在独裁统治下，科学家也有能力做出卓越的成就。

为了证明自己所倡导的全国总动员的正当性，冯·布劳恩反过来提出了一个利用军事空间站对地球进行政治统治的场景。但是，在太空航行越来越具有民用特征的时代，这种方式不再适用。他越来越多地尝试用人类"对探索未知事物和摆脱重力束缚"的"永不满足的渴望"来为大规模太空计划找到理由，对此却"提不出理性的解释"。[200]冯·布劳恩坚信，"如果人类想去太空，他就属于太空"。[201]此外，他认为，拿航空业来作比较就可以看出，在技术革命开

美国总统于1958年在华盛顿举行招待会，从左至右是韦恩赫尔·冯·布劳恩、他的哥哥西吉斯蒙德、他的妻子玛丽亚、德怀特·艾森豪威尔、玛米·艾森豪威尔、联邦德国总统特奥多尔·豪斯、国务卿约翰·福斯特·杜勒斯和一名翻译

始时就去追问新技术的用处何在，这是毫无意义的。航空业就是以军事起家，后来迅速取得商业成功的行业。"他的好奇心和对科学的求知欲得到满足，当一个人飞到那里去的时候……，其结果会让所有参与者大吃一惊"[202]，这就是最好的回报。如果太空航行的发展没有受到阻碍，而是得到相应的促进，那么太空航行的经济效益很快就会显现出来。即使在他的母

亲于 1959 年 12 月死于胃癌后，他仍然坚持认为促进太空航行而不是癌症研究才是美国的正确道路。

冯·布劳恩也通过逃入形而上学来回答关于太空航行意义的问题。他声称太空航行将为人类带来一个新时代，即"宇宙时代"。[203]他预测，太空航行将打开人类的洞察力，让人看到"有比这个小世界更大的东西"。[204]因此，不是通过军事力量，而是通过新维度的象征性力量，地球上的和平就可能实现，因为"这个小星球……对于战争和争吵来说显得太小了"。[205]此外，通过声称"对星球目标的追求……属于上帝的计划"[206]，他将自己的活动嵌入到宗教背景中，由此避免了被人议论和批评。把火箭作为和平使者，重新赋予其价值，这可以被解释为用积极的使命宣言来取代火箭负面形象的尝试。在这个重新定义中仍旧闪烁着技术官僚愿景的光芒，这是冯·布劳恩式思想的特点。他不想通过政治手段来实现和平的世界秩序，而只是将其作为技术创新的副产品。尽管导弹是有史以来除了原子弹以外人类发明的最有效的毁灭性武器。[207]然而，与此同时，当冯·布劳恩要求赢得"与苏联的全球声望竞赛"，以"争取获得不结盟国家支持"[208]时，他则称自己是一个"冷酷的战士"。在这场全球性的系统辩论中，如何导演备受公众瞩目的太空航行，在双方都发挥了核心作用。

因此，冯·布劳恩的言论在20世纪50年代后期发生了变化，当时正是美国航空航天局成立前夕，可以预见他计划的航空项目将不会由军方实施。虽然他继续以航空思想先驱的身份摇旗呐喊，但在美国未来的航空研究组织应该什么样——这种引起了激烈辩论的问题上，他表现得犹豫不决，不知道该何去何从。对他来说最佳的条件即装备精良的研究所和不受干扰的秘密工作，只存在于军队之

德国也在庆祝。1958年《明镜》封面上韦恩赫尔·冯·布劳恩的照片，配以意味深长的标题"在前线的德国人"

中。然而，作为星际飞行起点的载人空间站从军事角度来看意义不大，因此必须找到其他体制化的解决办法。冯·布劳恩对议会控制下的民间大型研究机构持保留意见。他不得不在两种意见之间摇摆。艾森豪威尔总统回应了来自公众的压力，约翰逊则于1958年2月在参议院关于太空航行的听证会上再次使压力升级，并且于1958年4月推动出台一部太空法，要求重新组织美国太空航行计划。关键是建立一个民事机构航空航天局来负责整个非军事太空计划，而军事计划的部分仍由国防部负责。

与此同时，艾森豪威尔总统已经接受，美国不可避免地要强化太空航行项目。他试图引导这一趋势，以防止军工联合体力量的增强。然而，他最终却激发了相反的效果。航空航天局鼓励的发展方向正是艾森豪威尔想要极力避免的：政府参与的增加和政府支出的显著提高，而且还不仅仅是在太空部门。对美国以这种并行的方式创建两个太空计划，没有人满意；特别是对美国陆军来说，当前的计划意味着它们将被排除在远程火箭业务之外，特别是载人太空航行之外。

陆军和航空航天局之间开始了一年半的斗争，斗争的焦点是亨茨维尔的火箭研究中心。

国防部想方设法阻止航空航天局的成立，或者至少能阻止它执行载人航天任务。1958年7月，国会决议于1958年10月1日建立美国航空航天局（**NASA**），五角大楼立即作出了回应：亨茨维尔的陆军弹道导弹局于1958年8月1日得到了一项任务，研制一种大型火箭，也就是后来的"土星"号火箭。但艾森豪威尔仍然坚持他的路线，要在航空航天局进行载人航天飞行。"这样一来，美国陆军将人类送入太空的全部希望都要落空。"[209] 航空航天局利用这一情况，要求将陆军弹道导弹局移交过来，没有它的参与，雄心勃勃的载人航天项目想要实现是不可想象的。冯·布劳恩不太愿意迈出这一步。那是个"探险者"卫星和"先锋"月球探测器的时代，作为民族英雄，他拥有强大的谈判地位。他领导着一个设备齐全的研究中心，没有太多理由放弃他的职位。他不可能去支持航空航天局的水星计划。而对那些更有趣的项目，如大型运载火箭和探月飞行，"他则想由自己来掌控"。[210]

陆军尽量让冯·布劳恩高兴，并为"土星"火箭安排个任务。因为他当时主要从事的"潘兴"导弹工作并不符合他的口味。梅达里斯亲自领导，由科勒具体执行的"地平线"计划（Project Horizon）将于1967年建成一个精心设计的月球军事前哨，它被看作是"阿波罗"计划的前身。该计划每年发射149次"土星"火箭，而8年期间的预算仅为60亿美元，这被看成是该计划很"天真"的证明。[211]该计划是1959年3月提出，目的就是防止布劳恩改投到航空航天局去。

但他的地位却被削弱了。1959年6月，五角大楼取消了"土星"项目，看不到还有任何军事理由继续下去，没有必要进行载人军事任务。其火箭采用的是液体推进而无法用作洲际火箭，"阿特拉斯"火箭现在就可以发射军事卫星。最后，五角大楼在1959年9月将军事太空航行任务分配给了空军。这最终固定了美国太空计划新的双重结构，其中航空航天局负责和平探索太空，也完全负责载人计划。陆军是输家，在空军和航空航天局之外再没有国家太空计划的空间了。

冯·布劳恩坐拥他的超级火箭计划待价而沽，但在军方却找不到买家。随着"木星"项目也已到期，亨茨维尔的火箭中心面临着不确定的未来。1959年年中，转交航空航天局的事宜被重新提上议程，这一次几乎没有任何理由反对，因为只有航空航天局提出了登月计划，这需要强大的运载系统。艾森豪威尔在1959年10月21日正式同意转交。1960年7月1日，陆军弹道导弹局转交航空航天局，改建为乔治·马歇尔太空航行中心（MSFC），韦恩赫尔·冯·布劳恩任

韦恩赫尔·冯·布劳恩在亨茨维尔陆军弹道导弹局前，1959年。从1960年起，该设施被称为乔治·马歇尔太空航行中心

中心主任。4669 名员工随他一起改换门庭，其中包括 90 名德国人，此外一切暂时照旧。1959 年 10 月，航空航天局决定登陆月球，将"土星"火箭列为优先选项考虑。冯·布劳恩再一次在正确的时间来到了正确的位置。他很"高兴"[212]，因为新任务代表了"他一生梦想的顶峰"，那就是"开发将卫星送入地球轨道所需的大型火箭……并最终可能将人类送上月球"。[213]

登月竞赛（1960—1969）

现在乔治·马歇尔太空航行中心在亨茨维尔的任务是为美国航空航天局开发运载火箭，赢得与苏联的比赛。这针对的就是苏联和他们的太空计划。美国航空航天局被迫执行这一具有高度象征意义能引起轰动效应并带来好名声的项目。它是根据政治而非科学的逻辑行事的："美国航空航天局需要苏联；它的生存基础不是科学，而是为了与苏联竞争。"[214]

在 50 年代后期，首先把人类送入太空，这被认为是一个关乎国运的问题。因此，美国航空航天局把重点放在载人航天飞行上。早在 1958 年 11 月，也就是航空航天局成立几周以后，它就提出了"水星"（Mercury）计划，其目标是在 1961 年前将一名美国人送入太空。它由此展开了与苏联的竞赛。"水星"太空舱由在兰利（Langley）的太空任务小组开发，冯·布劳恩的团队提供火箭。由于几乎没有幻想通过载人轨道飞行击败苏联，第二个项目被推迟，它终究会有更好的机会成为首选项目。经过广泛讨论，1959 年 10 月作出了"载人登月中期目标的决定"。[215] 于是，建造"土星"火箭这一冯·布劳恩热切期待的任务现在触手可及了。

虽然登月在 1960 年是两党的竞选议题，但仍在任的艾森豪威尔总统只接受了"水星"计划。他对"阿波罗"项目高达 580 亿美元的成本估算感到非常震惊，否决了这些估算。艾森豪威尔说，他不想只是为了把一个人带到月球就"拿他的珠宝去打水漂"[216]，更别提没有什么科学论据能对这项行动进行合理的解释。新总统约翰·F. 肯尼迪（John F. Kennedy）在 1961 年 1 月就职后也表现得不急不躁，尽管他在竞选中主张（在教育、社会、军备领域）扩大国家活动的范围。将政治声望与载人航天任务联系起来，在他和他的科学顾问杰罗姆·维斯纳（Jerome Wiesner）看来是一项风险过高的策略。

威胁也从其他方面显现出来，因为空军将载人航天事务管辖权问题重新提上议程。在 20 世纪 50 年代末，空军的火箭飞行器研究已经领先于许多人认为无法赶超的"水星"项目。1959 年，X15 试飞员已经以四倍音速的速度上升到 41 千米的高度，当他们自己驾驶火箭飞行器进入太空时，他们轻蔑地俯视着他们的宇航员同伴，就像看着被锁在锡罐里的猴子一样。[217] 1961 年年初，航空航天局面临巨大的压力，他们必须将一名宇航员送上太空，以确保得到肯尼迪的支持，同时摆脱掉一个麻烦的竞争对手。

然而，1960 年 11 月 1 日"水星 – 红石"组合的首次发射失败，直到 12 月 19 日的第二次发射才取得成功。在此之后，人们才敢在 1961 年 1 月 31 日将黑猩猩哈姆发射到亚轨道中，以此测试此类任务对高等生物有机体的影响。在这次飞行中出了一些问题，所以黑猩猩承受了比原计划大得多的压力。冯·布劳恩因此主张在

1961 年 3 月 24 日再进行一次无人驾驶试飞。因此，如果美国更愿意冒险的话，它就会走在苏联的前面。仅仅数天之后的 1961 年 4 月 12 日，尤里·加加林（Juri Gagarin）就驾驶着"东方"号（Wostok）宇宙飞船完成了首次环绕地球一周的飞行。

尤里·加加林，1961 年 4 月成为第一个绕地球飞行的人

美国再一次受到重创。这也给美国航空航天局敲响了警钟，不过它暂时还是没有将载人太空舱发射上地球轨道的计划，"阿特拉斯"火箭在测试中多次失败。然而，美国航空航天局决定改变他们的航天计划，仅在两次亚轨道飞行后就跃入地球轨道。1961 年 5 月 5 日，艾伦·谢泼德（Alan Shepard）成为第一个进入太空的美国人。经过 15 分钟的弹道飞行，他降落在百慕大附近。7 月 21 日，格斯·格里森（Gus Grissom）紧随其后，他的飞行几乎以灾难告终，因

为太空舱落在海面后舱口打开，格里森差点被淹死。1962年2月20日，约翰·格伦（John Glenn）冒险驾驶仍然不可靠的"阿特拉斯"火箭环绕了地球3圈。尽管隔热罩有问题，他还是安全着陆了。这种热情是无限的，纽约经历了历史上最大规模的五彩纸屑游行。由于在地球大气层中进行原子弹试验而不得不推迟到1962年10月的下一次水星飞行也经历了几起威胁事件，尽管如此，"水星"计划在1963年年中还是成功地进行了两次亚轨道和四次轨道飞行。

谢泼德飞上太空的几天之前，政治局势发生了决定性的变化。旨在推翻古巴革命领袖菲德尔·卡斯特罗（Fidel Castro）的猪湾入侵失败了。在苏联的太空行动后不久，美国遭受了第二次重大失败。肯尼迪总统的声誉受到了极大的损害，他迫切地需要转移压力，于是他的选择落在了太空航行上。1961年4月20日，古巴行动失败一天之后，他要求副总统约翰逊提交一份"对我们的太空形势的总体看法"，"我们是否有那么一个机会击败苏联人？利用太空实验室，或是绕月飞行，或是登月火箭，或载人火箭登月并返回地球？有没有太空计划能够确保我们可以赢得戏剧性的结果？"[218]约翰逊与航空航天局局长詹姆斯·韦布（James Webb）和国防部长罗伯特·麦克纳马拉（Robert McNamara）在5月初提交了一份备忘录，呼吁开展一项以载人登月为重点

1962年2月23日，约翰·肯尼迪总统访问航空航天局在卡纳维拉尔角的设施，并向（在他右边的）宇航员约翰·格伦致敬

的全面太空计划，从而"在十年内接管太空的领导角色"。[219]

冯·布劳恩也接受过咨询。他曾主张在1967年或1968年进行"全面的登月应急计划"，但有一个前提条件，"缩减我们国家太空计划的所有其他组成部分，将其全部集中在气体试验燃烧器上"。[220]肯尼迪接受了这种要么全赢要么全输的策略，并在与苏联的竞赛中押注了一个会带来盛誉但也很有风险的太空计划。他的决定受到谢泼德数天前飞行的很大影响，航空航天局在尽可能早的时间就安排了这次飞行，他们知道这次飞行意味着什么。现在登月竞赛的道路上已经没有障碍了。在他1961年5月25日那场著名的演讲中，肯尼迪呼吁美国致力于在"这个十年结束前将人类送上月球并安全返回地球的目标"。[221]重大情况再次出现，需要调动所有资源，同时给予冯·布劳恩一个中心位置。

然而，太空计划只是新政府政策变化的一部分。与"阿波罗"项目同时并行发生的是美国历史上最大规模的重整军备行动，这导致对苏联形成全面的军事优势。在 50 枚苏联导弹的对面很快竖起了数千枚美国"民兵"、"北极星"和"泰坦"导弹。国防工业在 20 世纪 60 年代被民用和军用合同淹没，艾森豪威尔曾警告过这一发展的危险。

1961 年夏天，"土星–阿波罗"项目开始运行；休斯敦的载人航天中心建造了阿波罗太空舱，冯·布劳恩团队建造了"土星"火箭。冯·布劳恩尽管也在寻求"亲手掌控航天器业务"[222]的机会，但也只能无奈地接受分工。"土星"1B 于 1966 年 2 月 26 日首次飞行，并于 1968 年 10 月 11 日第一次完成了将载人"阿波罗"号送入地球轨道的任务。飞往月球需要有效载荷为 120 吨的"土星"5 号，它至今仍然是世界上最强大的运载火箭，其研发开始于 1963 年年初，首飞是在 1967 年 11 月 9 日。

这些任务的进展始终伴随着冯·布劳恩和"土星–阿波罗"计划负责人乔治·穆勒（George Mueller）之间的争端，后者想要引进系统发展的先进方法，相对于冯·布劳恩的方法能更加节省时间和成本。第一个"土星"5 号就该以激发三级火箭的形式发射，而不是像冯·布劳恩一样，按照此前的常用办法用上级火箭模型。冯·布劳恩更宁愿使用循序渐进的步骤，经过长周期测试后再进行下去。冯·布劳恩不情愿地领命照做，这导致携带"阿波罗"11号去往月球的火箭只不过是第六个"土星"5号。"土星"计划中没有一次发射失败，但发生了一些意外事故。最悲惨的是1967年1月27日，三名宇航员在"阿波罗"1号舱进行地面例行测试时死亡，最引起轰动的是1970年"阿波罗"13号在前往月球途中发生的事故，当时机组人员侥幸得以生还。对阿波罗事故的调查中揭示出了重大的错误和缺陷，航空航天局不得不接受来自公众劈天盖地的批评之声。

"阿波罗"计划从讨论到达月球的最佳方法开始。冯·布劳恩一直主张间接的方式，即在空间站的帮助下在地球轨道上组装大型月球飞船。他于1961年展示的那种精简版是在地球轨道上进行两个"土星"5号火箭的组合，一个是航天器，另一个携带燃料舱。然而这种方法也会有一定风险。与这种"地球轨道会合"方法竞争的是直接方法，即用一枚火箭来发射整个设备，休斯敦小组倾向于这样做。它将需要有一枚"巨无霸"火箭，无法在目标时间内实现。

在讨论过程中形成的最美妙同时也是最经济的方案，是航空航天局兰利研究中心的约翰·胡伯特（John Houbolt）提出的：将单枚"土星"5号发射到地球轨道上，以便从那里向月球发射阿波罗舱和登月舱的组合体。正如竞争方案所设想的那样，只需要将小型轻便的月球穿梭机发射到地球轨道上，而不是整个的航天器。接下来把月球穿梭机在月球轨道上与阿波罗航天器重新对接，最后返回地球的仅有航天器的这一组件。主要的风险在于两艘航天器在月球轨道上的对接由计算机完成。计算机技术的进步以及节省时间和成本的考虑使航空航天局在激烈的内部争论后于1962年6月7日作出决定采用月球轨道会合方案。冯·布劳恩对放弃自己一生为之奋斗的方案感到失望，但后来他转变为新方法的倡导者。当他告诉他们这件事时，他的同事们惊愕不已。他们进行了活跃的讨论，但冯·布劳恩并没有放弃他的决定。内部讨论更多的是仪式性的，冯·布劳恩是确保最高层做出的决定不被质疑的唯一权威。

为了弥合水星计划和阿波罗计划之间的时间差，但主要也是为了测试会合和太空出舱方案，实施了"双子座"（Gemini）计划。1965年和1966年进行了10次双人太空舱飞行，测试了太空长期驻留、自动控制系统、太空服和其他技术和程序，这些都是阿波罗行动，特别是月球轨道会合所必需的。基于1963年国防部和航空航天局之间的协议，双子座计划也可用于军事研究。虽然五角大楼认为短期内没有必要开展载人军事任务并将探索工作留给了航空航天局，但是作为搭便车者，五角大楼还是关注着项目的进一步发展。这意味着空军火箭飞行器的"终结"，空军曾希望凭借代"纳索"（Dyna-Soar）（即X-20）飞行器再次强势重返载人航天业务。

1968年12月21日，一枚"土星"5号火箭搭载"阿波罗"8号第一次载人绕月飞行并安全返回地球。这项任务把美国人的注意力从当年的一系列事件上引开，这些事件包括暗杀马丁·路德·金（Martin

Luther King）和罗伯特·肯尼迪（Robert Kennedy），总统的兄弟也在1963年被暗杀身亡，以及随后的种族仇恨引发动荡，这是美国战后最糟糕的一年。经过进一步在地球轨道（"阿波罗" 9号）和月球轨道（"阿波罗" 10号）上测试对接航天器和登月舱之后，关键时刻终于到来了：1969年7月20日，

"阿波罗" 8号太空舱，1968年3名宇航员在其中完成首次绕月飞行

"阿波罗" 11 号登陆月球，尼尔·阿姆斯特朗（Neil Armstrong）说出了历史性的话："这是个人的一小步，但却是人类迈出的一大步。"[223]在接下来的三年里，又有五次登月，但1969年7月席卷美国的热情浪潮迅速消退，因此阿波罗计划在1972年被削减并提前结束。

随着登月的完成，美国人实现了超越苏联的目标。苏联的载人登月计划失败了，因为他们的 N-1 大型火箭多次失败。甚至连他们在1969年7月用一次不载人登月行动来抢美国人风头的企图也宣告失败。美国赢得了这场比赛，但问题是：它到底赢得了什么，下一步该怎么办。鉴于国内外政治问题，"阿波罗"计划的太空项目花费了大约240亿美元，这总是让许多美国人感到莫名其妙。登月成功之后接踵而至的是"苦涩的清醒"。[224]

"阿波罗" 11 号于 1969 年 7 月 20 日、21 日登月：尼尔·阿姆斯特朗拍摄的埃德温·阿尔德林（Edwin Aldrin），能在宁航员的面罩上看到拍摄者的身影

采自月球的静海的岩石样本。由"阿波罗"11号机组成员带回地球

华盛顿（1970—1977）

冯·布劳恩早就问过自己，阿波罗计划之后又该何去何从，因为他明白，自己作为思想领袖和未来规划者的任务是在一个项目结束之前就为下一个项目做好准备。对他来说，登月只是"一个开始"。他在1969年告诉他的工作人员："还有很多事情要做。我们决不能松懈。"[225] 然而，他的计划越来

越少得到回应。自古以来一直吸引着人们的月亮被揭开了神秘面纱。宇航员詹姆斯·洛弗尔（James Lovell）形容月球为一个贫瘠的沙漠，看到它的时候，人们就能"学会珍惜，人类生存的古老地球是多么美好"。[226]

经过 20 世纪 60 年代初的快速增长，"土星－阿波罗"项目在美国航空航天局年度预算达 51 亿美元，研究和工业领域员工为 42 万人，其中包括航空航天局的 6 万人，1965 年时达到峰值。在 1966 年开始适度削减预算后，1969 年再次大幅削减预算，导致裁员和研究所的关闭。此外，国内的民众情绪从太空热转变为更多地持批评的态度。冷战结束了，其他问题浮出水面：越南战争、种族歧视、城市中的贫困问题，以及从 20 世纪 70 年代初开始显现的环境污染问题。太空航行越来越需要给自己找到存在的理由，特别是重大载人航天项目的意义和目的受到质疑。诺贝尔奖获得者马克斯·玻恩（Max Born）声称太空航行是"智力的胜利，但却是理性的悲惨失败"[227]，这句话把这种情绪推到了顶点。

成本效益论逐渐取代了太空航行的政治理由成为主流，美国航空航天局用副产品论来予以回应，指出这些措施不会立即获得收益，但可以通过其对技术和经济的间接溢出效应来证明其合理性。[228]冯·布劳恩也从 20 世纪 60 年代中期开始使用这种新的理由模式，他指出新闻或气象卫星的经济效益，还提到了对例如计算机等行业的间接推动。他没有用可检验的事实来公开证明太空项目的合理性，这些事实可能会被其他人质疑。他很少用外交辞令和教师般的话语来回应各种批评和矛盾。他发现自己现在是在公共的舞台上，已经不再身处命令和服从的世界中，尽管他在这样的世界里度过了生命中的大部分时光。

　　20 世纪 60 年代末，美国航空航天局的先天缺陷暴露出来：它只有一个任务，那就是击败苏联，而这个任务现在已经完成了。自成立以来，航空航天局一直都是政治上的棋子，依赖于华盛顿的决定，这些决定往往更多的是出于选举的战术考虑，而不是由促进科学技术的动机驱动的。研究的全面政治化在 20 世纪 60 年代初带来了巨大的繁荣，但当时肯尼迪效应正让美国自食其果。

早在 1964 年，约翰逊总统就委托航空航天局规划后阿波罗时代，但当时的航空航天局对阿波罗这样规模的后续项目没有任何想法，而这对于一个机构的自我存续是非常必要的。与此相反，冯·布劳恩的眼中仍然有一个目标，他不知疲倦地为此宣传：建造一个空间站，飞往行星。在 1965 年的一篇题为《未来 20 年的星际探索》的纲领性文章中，他设计了一个未来太空计划的大纲，其中心侧重于绕金星（1975）和火星（1978）的载人飞行，登陆火星（1982），以及此后甚至要建立一个火星基地，让一个 12 人的团队在那里可以停留一年半之久。

他在回答关于这种任务意义何在的问题时说："我们绝不能停止扩大我们的活动范围。"此外，鉴于地球上的人口爆炸式增长，"需要在其他行星上找到定居空间"。尤其是考虑到人类可能存在开启核战，造成自我毁灭的风险，迫切需要尽快"在新的星球上找到支点"。制造了核自毁危险的火箭现在应该作为摆脱这种情况的办法。冯·布劳恩声称，不需要费太

韦恩赫尔·冯·布劳恩在卡纳维拉尔角的"土星"火箭发射台前

大力气就可以"用我们正在进行的"土星－阿波罗"项目的副产品"[229]实现这些任务。考虑到光是"土星"火箭的核能第一级或在地球轨道上安装航天器就需要付出巨大努力，这种说法似乎就没什么可信度。未来规划者冯·布劳恩低估了技术上的困难，更不用说实施这些超巨型项目的政治问题了。后来他提出的将工厂和医院迁入太空的提议也表明，冯·布劳恩慢慢地与现实脱节，除了延续适合 70 年代政治背景的旧思想之外，他拿不出什么新观念。

如果说他的想法在四五十年代仍然可以被认为是奇妙的愿景，那么它们现在变成了非严肃的幻想。这些项目似乎太具有投机性质，同时代的人不会认真去看待它们。冯·布劳恩对获得"土星"火箭后续订单的兴趣太过明显了。他本人早在 1965 年就公开表示："我们目前面临的挑战是，如何处理我们突然拥有的巨大运载能力。"[230]"土星"计划成了一个要为自己寻找使命的项目。但是，不管冯·布劳恩怎么鼓吹与苏联进行一场新的竞赛，现在主要是技术竞赛的必要性，不管他怎么把太空航行描述为国家所需的技术进步"刺激手段",只要战争不再扮演技术先驱这一"至关重要的角色"[231],在"土星-阿波罗"项目之后就没有能满足冯·布劳恩需求的重大事件了。冷战确定无疑地结束了,60年代初的那种恐慌情绪不会重来,副产品的论点再也不会令人产生对携带核弹的"斯普特尼克"号人造卫星那样的恐惧。冯·布劳恩的未来规划此前总是能找到一个买家,现在却无人问津。

作为在"阿波罗"计划结束后的权宜之计,只

1972年在卡纳维拉尔角"土星"5号运载火箭的夜间发射场景

有太空实验室获批能使用"土星"计划的组件进行建造和发射。1973 年，宇航员们 3 次访问实验室。从 1975 年"阿波罗"号与"联盟"号的会合之后直到 1981 年发射第一架航天飞机，这段时间再也没有美国人进入过太空，而苏联则一步一步地继续建设他们设在地球轨道上的空间站，由此再次在一个具有名声效应的项目上取得领先地位。

1969 年 2 月 13 日，在登月前，理查德·尼克松（Richard Nixon）总统成立了一个由他的副手斯皮诺·阿格纽（Spiro Agnew）领导的太空任务小组，该小组在九月提交了一份关于美国太空计划未来发展的报告，报告还完全延续冯·布劳恩路线，要建造太空站，开展飞往火星的行动。然而在国会，这个计划没能通过，它每年花费高达 90 亿美元，这样的天文数字几乎是"阿波罗"计划的两倍。尼克松对此也没什么兴趣，政治上的优先项已经发生了改变。

美国航空航天局在后"阿波罗"计划时代引进的唯一一项新元素是航天飞机，这是一种可载人，可重复使用的太空滑翔机，可以像火箭一样垂直起飞，但也可以像飞机一样机动操纵，水平着陆。航天飞机本来是作为空间站的补给器，而不是像后来那样长时间在宇宙中工作。航天飞机的设计受到了对太空航行成本太高这样批评之声的强烈影响，与"一次性火箭"不同，人们试图通过使运载发射系统完全返回地球来降低成本，因此可以多次投入使用。然而，尼克松直

在月球表面看到的地球，1968 年 12 月由"阿波罗" 8 号机组成员拍摄

接大笔一挥，从根本上削减了后"阿波罗"计划：他取消了除航天飞机之外的所有其他项目，且对他自己1972年1月做出的关于太空滑翔机的决定，他也并非全心全意地支持。他不想像肯尼迪那样将自己的政治声望与太空项目联系起来。因此，航空航天局面临相当大的成本压力，被迫做出技术上的妥协，这最终导致1986年1月"挑战者"号航天飞机爆炸的悲剧。[232]

为了推进美国航空航天局的计划，冯·布劳恩做出了个人牺牲：在美国航空航天局局长托马斯·潘恩（Thomas Paine）的敦促下，他辞去了在亨茨维尔的职务，于1970年3月1日起担任美国航空航天局规划部主任，以便在华盛顿更有效地促进未来的空间项目。他与他的家庭搬到了弗吉尼亚州的亚历山德里亚（Alexandria）市。即使是晋升为美国航空航天局的领导，他仍然没有好的机会，因为基于他之前的历史，他的计划仍然是不可想象的。美国的怨恨情绪过于强烈，在欧洲也是如此。据称，冯·布劳恩甚至有一次被一名记者提问，"如何可以防止'土星'5号坠落在伦敦"。[233]过去的经历总是让冯·布劳恩挥之不去，部分原因是美国公众对掩盖战争罪行的态度在 20 世纪 70 年代发生了变化。1979 年，冯·布劳恩去世后不久，司法部成立了一个特别办公室，即特别调查办公室，对"回形针"行动的情况重新开始调查，此外还对他多年来的亲密伙伴阿图尔·鲁道夫提起了诉讼。冯·布劳恩在佩内明德南区施行其"统治"的方式现在得到了报应。在他离开几年后，伴随着对冯·布劳恩内部概念和管理风格的公开批评，亨茨维尔研究中心进行了美国化改造。在很短的时间内，当地剩下的德国人被迫下台，取而代之的是美国人。佩内明德这一篇章宣告结束。

在这些不利的外部环境下，即使是冯·布劳恩也无法阻止美国航空航天局将全面计划减少到航天飞机这唯一的一个大项目。冯·布劳恩的未来愿景在华盛顿是无法实施的，一个坚持追求这些项目的人越来越被视为"过去时代无用的遗物"。[234] 美国航空航天局的一名经理回忆说："他穿过建筑物，周围弥漫着死亡的气息。走廊里的人渐渐不再和他说话。"[235]

他越来越像一个"指挥……突然没有了管弦乐队的演奏……就那么呆站在了那里"。[236]

经过激烈的冲突，冯·布劳恩充满痛苦和孤独地离开了美国航空航天局，在他生命中第一次在大规模政府研究机构之外从业。1972年7月1日，他成为马里兰州德国镇上的仙童（Fairchild）工业公司副总裁。该公司受美国航空航天局委托开发ATS-6通信卫星，向印度广播教育节目。冯·布劳恩的任务是在其他国家推广这一概念，旨在展示太空航行的实际好处。

然而，他只能在短时间开展这项活动，因为1973年的例行体检显示他患有癌症。放射和切除肾脏肿瘤只能减缓疾病的扩散，但不能阻断它。冯·布劳恩只能在有限的范围内工作，不得不取消掉许多预约。1975年夏天，他又接受了一次切除结肠肿瘤的手术。他再也没有完全恢复过来。1976年年底，他的病情明显恶化，12月31日离开仙童公司。他生命的最后几个月大部分时间都在家里度过，对全家人来说是不习惯的。在病床上，他第一次对自己行为的意义产生了怀疑："世界上有太多的苦难必须要我们去克服。我们真的做了正确的事吗？"[237] 但在他生命最后几个月里陪伴着他的朋友们用他这一生总结出来的观点来安慰他："这笔钱毕竟没有浪费在太空里，它全都花在地球上了！"[238]

韦恩赫尔·冯·布劳恩遭受了同样降临在他母亲身上的命运，他输掉了与癌症的斗争，于 1977 年 6 月 16 日去世，享年 65 岁。

注 释

[1] Lunetta, in: Jürgen vom Scheidt (Hg.): Das Monster im Park. 18 Erzäh-lungen aus der Welt von morgen von Wernher von Braun bis Arthur C. Clarke. München 1970, S. 8

[2] Ebd., S. 9 f.

[3] Ebd., S. 11

[4] Vgl. Magnus Freiherr von Braun: Von Ostpreußen bis Texas. Erlebnisse und zeitgeschichtliche Betrachtungen eines Ostdeutschen. Stollham 1955

[5] Zitiert in Ernst Stuhlinger, Frederick I. Ordway: Wernher von Braun. Aufbruch in den Weltraum. Die Biographie. Esslingen 1992, S. 41

[6] Magnus von Braun sen., zitiert in Stuhlinger/ Ordway, S. 40

[7] (无标题), in: Als wir noch Lausbuben waren. München

1966, S. 34

[8] 鉴于不同来源信息的相互矛盾，关于这一事件的具体时期存在一些问题：一方面，这种调皮捣蛋的行为应该更适合发生在 12 到 13 岁的孩子身上，最多是再大一点的青少年。另一方面，马克斯·瓦利埃的那桩引发轰动效应的试验是 1928 年才发生的，而年轻的韦恩赫尔应该是受此启发才制造自己的"飞车"的。冯·布劳恩自己将这一事件追溯到 1927 年，他写道，"我在十五岁的时候第一次搞了些试验，把焰火火箭装进一台玩具车"。(见《柏林晨报》1963 年 1 月 9 日)。这样一来，事件的顺序就完全颠倒了。限于资料来源单一，下面的陈述除了重现传说以外，对其他的可能性持保留态度。

[9] Space Man – the story of my life, in: «The American Weekly» July 20, 1958, S. 8

[10] Zitiert in Stuhlinger / Ordway, S. 39

[11] Space Man, S. 8

[12] Emmy von Braun, zitiert in Stuhlinger / Ordway, S. 46

[13] Zitiert in Bernd Ruland: Wernher von Braun. Mein Leben für die Raumfahrt. Offenburg 1969, S. 52

[14] Zur Theorie der Fernrakete (Ms., ca. 1929), in: Deutsches Museum 00020, S. 1 f.

[15] Erinnerungen an den Sommer 1930 (Ms., 1973), in:

Deutsches Museum 00022, S. 3

[16] Erik Bergaust: Wernher von Braun, ein unglaubliches Leben. Düsseldorf 1976, S. 62

[17] Reminiscences of German Rocketry, in: «Journal of the British Interplanet-ary Society» 15 (1956), May-June, S. 128

[18] Zitiert in Stuhlinger/ Ordway, S. 50

[19] Willy Ley: Count of Braun, in: Journal of the British Interplanetary Society 6 (1947), S. 155

[20] Heinz Horeis: Rolf Engel. Raketenbauer der ersten Stunde. München 1992, S. 101

[21] Das Geheimnis der Flüssigkeits-rakete, in: «Umschau» 36 (1932), S. 452

[22] Vgl. Michael J. Neufeld: Die Rakete und das Reich. Wernher von Braun, Peenemünde und der Beginn des Raketenzeitalters. Berlin 1997, S. 18 ff.

[23] Becker an Nebel, 23. 4. 1932, abgedruckt in Rudolf Nebel: Die Narren von Tegel. Ein Pionier der Raumfahrt erzählt. Düsseldorf 1972, S. 134 f.

[24] Reminiscences, S. 129

[25] Neufeld, S. 36

[26] Reminiscences, S. 130

[27] Walter Dornberger: Peenemünde. Die Geschichte der V-Waffen. Frank-furt a. M. 1994, S. 29

[28] Space Man, S. 24

[29] Rainer Eisfeld: Mondsüchtig. Wernher von Braun und die Geburt der Raumfahrt aus dem Geist der Barbarei. Reinbek 1996, S. 49

[30] Ley, S. 155

[31] Reminiscences, S. 130

[32] Von Braun, Behind the Scenes of Rocket Development in Germany 1928 through 1945, zitiert in Neufeld, S. 37

[33] Why I chose America, in: «American Magazine» July 1952, S. 15

[34] Reminiscences, S. 131

[35] Konstruktive, theoretische und experimentelle Beiträge zu dem Problem der Flüssigkeitsrakete, Dissertation 1934 (Friedrich-Wilhelms-Universität Berlin). «Raketentechnik und Raumfahrtforschung» Sonderheft 1 (1960), S. 36 f.

[36] «Stellungnahme», 27. 6. 1935 (FE 746), zitiert in Neufeld, S. 64

[37] Reminiscences, S. 133

[38] Ebd., S. 134

[39] 唯一的例外是，韦恩赫尔·冯·布劳恩审查了埃里克·贝高斯特（Erik Bergaust）所写传记中"各种事实的正确性和准确性"（第 608 页），在该书中将他加入纳粹党的时间放到了 1942 年秋季。

[40] Dornberger, S. 59

[41] Survey of Development of Liquid Rockets in Germany and their Future Prospects, in: «British Interplanetary Society Journal» 10 (1951), March, S. 76, vgl. Reminiscences, S. 136

[42] Reminiscences, S. 133

[43] Heinz Dieter Hölsken: Die V-Waffen. Entstehung– Propaganda – Kriegseinsatz. Stuttgart 1984, S. 18

[44] Neufeld, S. 133

[45] Dieter K. Huzel: Von Peenemünde nach Canaveral. Berlin 1994, S. 165 f.

[46] Stuhlinger / Ordway, S. 359

[47] Reminiscences, S. 139

[48] Dornberger, S. 27

[49] Eisfeld, S. 76

[50] Ruland, S. 43

[51] Zitiert ebd., S. 105

[52] Dornberger, S. 80 f.

[53] Zitiert in Ruland, S. 106

[54] Ebd., S. 109

[55] Neufeld, S. 144

[56] Dornberger, S. 83

[57] Zitiert in Ruland, S. 121

［ 58 ］ Ruland, S. 121

［ 59 ］ Dornberger, S. 81

［ 60 ］ Todt an Fromm, 30. 7. 1941 (NASM FE342), zitiert in Neufeld, S. 165

［ 61 ］ Aktennotiz über Hitlers Reaktion, zitiert in Hölsken, S. 29

［ 62 ］ Ebd.

［ 63 ］ Zitiert in Ruland, S. 139

［ 64 ］ Ruland, S. 108

［ 65 ］ Dornberger an HVP, 7. 11. 1941, in BA/ MA, RH 8 / v.1260, zitiert in Neufeld, S. 190

［ 66 ］ Dornberger, S. 156 f.

［ 67 ］ Dornberger an Heeresanstalt Peenemünde 5. 2. 1942 (NASM, Peenemünde #2), zitiert in Neufeld, S. 193

［ 68 ］ Survey, S. 77

［ 69 ］ Prof. Hettlage (Rüstungsministerium) gegenüber Dornberger am 3. 2. 1943, zitiert in Dornberger, S. 96

［ 70 ］ Reminiscences, S. 140

［ 71 ］ Arthur Rudolph, Aktennotiz 16. 4. 1943 (BA RH 8 / v.1210), abgebildet in Eisfeld, S. 91 f.

［ 72 ］ Aktenvermerk vom 3. 6. 1943 (BA RH 8 / v.1210, S. 136), abgebildet in Eisfeld, S. 93

［ 73 ］ Eisfeld, S. 96

［ 74 ］ Why I chose, S. 112

[75] Zitiert in Dornberger, S. 117

[76] Dorette Kersten, Die Nacht vom 17. zum 18. August 1943 (Auszug aus Tagebuch), in: Deutsches Museum, LRD 4717

[77] Ruland, S. 163

[78] Reminiscences, S. 140

[79] Albert Speer, Der Sklavenstaat. Meine Auseinandersetzungen mit der SS. Stuttgart 1981, S. 307

[80] Organisation der Abschlußentwicklung A4 und seiner Bodeneinrichtungen, Karlshagen, 25. 4. 1944, in: Deutsches Museum 00019, S. 4, 9 und 10

[81] Erlebnisbericht Adam Cabala, in: Angela Fiedermann, Torsten Heß, Markus Jaeger: Das Konzentrationslager Mittelbau Dora. Ein historischer Abriß. Berlin 1993, S. 100, vgl. auch Jean Michel: Dora. New York 1979

[82] Why I chose, S. 111

[83] Zitiert in Ruland, S. 236 und 237

[84] Zitiert in Stuhlinger/ Ordway, S. 9

[85] Space Man, S. 24 f.

[86] Zitiert in Ruland, S. 235 f.

[87] Von Braun an Maurice Croizard (Mitherausgeber der «Paris Match»), 4. 4. 1966, zitiert in Stuhlinger / Ordway, S. 116

[88] Zitiert in Ruland, S. 236

[89] Von Braun an Maurice Croizard ..., zitiert in Stuhlinger / Ordway, S. 116

[90] Vernehmungsprotokoll vom 7. 2. 1969, abgedruckt in Eisfeld, S. 121 f.

[91] Zitiert in Ruland, S. 235

[92] Arthur Rudolph, 13. 10. 1982 (Vernehmungsprotokoll), zitiert in Rainer Eisfeld: Die unmenschliche Fabrik. V2-Produktion und KZ «Mittelbau-Dora», Erfurt 1993, S. 9

[93] Eisfeld, Mondsüchtig, S. 107 und 104

[94] Von Braun an Sawatzki, 15. 8. 1944 (NASM, FE694 / a), abgedruckt in Eisfeld, Mondsüchtig, S. 135 f.

[95] Reminiscences, S. 142

[96] Neufeld, S. 317. Im Mittelwerk starben etwa 16000 bis 20000 Menschen; rund die Hälfte davon ging zu Lasten der A-4-Produktion.

[97] Zitiert in Reminiscences, S. 142

[98] Ebd., S. 143

[99] Zitiert in The Seer of Space. Lifetime of rocket work gives Army's Von Braun special insight into future, in: «Life» Vol. 43, No. 21 (Nov. 18, 1957), S. 138

[100] Zitiert in Ruland, S. 203

[101] Volkhard Bode, Gerhard Kaiser: Raketenspuren. Peenemünde 1936 – 1996. Berlin 1996, S. 74

[102] Why I chose, S. 111

[103] The Acid Test, in: «Signal» March, 1958, S. 6

[104] Zitiert in Ruland, S. 223

[105] Dorette Kersten, zitiert in Stuhlinger / Ordway, S. 119

[106] Zitiert in Ruland, S. 223

[107] Zitiert in Stuhlinger/ Ordway, S. 77

[108] Stuhlinger/ Ordway, S. 80 und 78

[109] Reminiscences, S. 144

[110] Zitiert in Ruland, S. 243 und 275

[111] Stuhlinger/ Ordway, S. 181

[112] Zitiert in Ruland, S. 269

[113] Survey, S. 80

[114] Vgl. Neufeld 1997, S. 320 – 322

[115] Zitiert in Ruland, S. 298

[116] Ruland, S. 305 f.

[117] Zitiert in Frederick I. Ordway III, Mitchell R. Sharpe: The Rocket Team. From the V-2 to the Saturn Moon Rocket. Cambridge, Mass. 1982, S. 347

[118] Ray Spangenburg, Diane K. Moser: Wernher von Braun. Space Visionary and Rocket Engineer. New York 1995, S. 81

[119] Stuhlinger / Ordway, S. 151

[120] Ruland, S. 307

[121] Ordway / Sharpe, S. 372

[122] Ordway / Sharpe, S. 351

[123] Jim Fagan, zitiert in Stuhlinger/ Ordway, S. 152

[124] Götz Briefs, zitiert in «Der Spiegel» 28. 12. 1995, S. 31

[125] Zitiert in Ruland, S. 279

[126] Ruland, S. 279

[127] Walter Jessel, Special Screening Report, 12. Juni 1945,
         zitiert in Eisfeld, Mondsüchtig, S. 162

[128] Eisfeld, Mondsüchtig, S. 164

[129] Ruland, S. 277

[130] Zitiert in Stuhlinger/ Ordway, S. 158

[131] Linda Hunt: U.S. Coverup of Nazi Scientists, in:
         «Bulletin of the Atomic Scientists» 41 (1985), S. 19

[132] «Der Spiegel» 28. 12. 1955, S. 25

[133] Zitiert in Ruland, S. 319

[134] Stuhlinger / Ordway, S. 461

[135] Key To Success in Guided Missiles, in: «Missiles and
         Rockets» Oct., 1956

[136] Stuhlinger / Ordway, S. 236

[137] Harro Zimmer: Das NASA-Protokoll. Erfolge und
         Niederlagen. Stuttgart 1997, S. 35

[138] Key to Success, S. 41

[139] Ordway / Sharpe, S. 366

[140]   Ebd., S. 363

[141]   «Der Spiegel» 22. 8. 1962, S. 57

[142]   The Redstone, Jupiter, and Juno, in: Eugene M. Emme
(Hg.): The History of Rocket Technology. Essays on
Research, Development, and Utility. Detroit 1963, S. 110

[143]   Stuhlinger / Ordway, S. 170

[144]   Ebd., S. 335

[145]   Space Superiority (as a Means for Achieving World
Peace), in: «Ordnance» 37 (1953), March/April, S. 771

[146]   Ebd., S. 773 f.

[147]   Ebd., S. 774

[148]   Ebd., S. 775

[149]   «Der Spiegel» 28. 12. 1955, S. 24

[150]   The Seer of Space, S. 133 und «Der Spiegel» 28. 12.
1955, S. 34

[151]   Acid Test, S. 6

[152]   Space Superiority, S. 774

[153]   The Early Steps in the Realization of the Space Station,
in: «Journal of the British Interplanetary Society» 12
(1953), Jan., S. 24

[154]   Wernher von Braun, Willy Ley, Fred L. Whipple: Die
Eroberung des Mondes. Frankfurt a. M. 1954, S. 17

[155]   Zitiert in The Seer of Space, S. 136

[156] Zitiert in Stuhlinger / Ordway, S. 173

[157] «Der Spiegel» 28. 12. 1955, S. 24

[158] Zitiert in Stuhlinger / Ordway, S. 256

[159] Ebd., S. 205

[160] Zitiert ebd., S. 204

[161] Zitiert in «Der Spiegel» 28. 12. 1955, S. 33

[162] Stuhlinger / Ordway, S. 414

[163] Zitiert in Ruland, S. 321

[164] Stuhlinger / Ordway, S. 414

[165] Zitiert in Ruland, S. 11

[166] Zitiert in Stuhlinger / Ordway, S. 363

[167] Zitiert in Ordway / Sharpe, S. 369 f.

[168] Wernher von Braun, Willy Ley: Die Eroberung des Weltraums. Frankfurt a. M. 1958, S. 15 f. und 56 (hier zi-tiert nach dem deutschen Reprint)

[169] Ebd., S. 41, 18 und 67

[170] Eisfeld, Mondsüchtig, S. 188

[171] Die Eroberung des Weltraums, S. 49 und 98

[172] Ebd., S. 51, vgl. auch Das Marsprojekt. Esslingen 1952

[173] Zitiert in Ordway/ Sharpe, S. 376

[174] Zitiert in Stuhlinger/ Ordway, S. 222

[175] Walter A. McDougall: ... The Heavens and the Earth. A Political History of the Space Age. New York 1985,

S. 108

[176] Ebd., S. 110 und 108

[177] Ebd., S. 131

[178] 来自共产主义阵营对冯·布劳恩的批评可见 Julius Mader: Geheimnis von Huntsville. Die wahre Karriere des Raketenbarons Wernher von Braun. Berlin 1963

[179] Ordway / Sharpe, S. 376

[180] Ruland, S. 347

[181] The Redstone, S. 111

[182] Ruland, S. 339

[183] Zitiert in Stuhlinger / Ordway, S. 224

[184] Vgl. Heinz-Hermann Koelle: Werden und Wirken eines deutsch-amerikanischen Raumfahrt-Professors. Berlin 1994

[185] Key to Success, S. 41 f.

[186] Ruland, S. 342

[187] The Redstone, S. 111

[188] Ordway / Sharpe, S. 378

[189] Ruland, S. 345

[190] The Redstone, S. 113 und 117

[191] Ebd., S. 120

[192] Dwight D. Eisenhower, Farewell Radio and Television Address to the American People, zitiert in McDougall,

S. 229

[193]   John B. Medaris, Arthur Gordon: Die Zukunft wird heute entschieden. Raketen, Flugkörper und Satelliten. Köln 1961, S. 163

[194]   Ebd., S. 165

[195]   Zitiert in Ruland, S. 351

[196]   The Acid Test, S. 5 f.

[197]   Why should America conquer space?, in: «This Week Magazine» March 20, 1960, S. 10

[198]   Why should America, S. 10

[199]   Space Man, S. 8

[200]   The Meaning of Space Superiority (Ms., ca. Nov./ Dez. 1957), in: Deutsches Museum 00019, S. 2

[201]   Space Man, S. 8

[202]   Ansprache beim VI. Europäischen Luftfahrt-Kongreß am 2. September 1965 in München (Ms.), in: Deutsches Museum 00021, S. 5

[203]   Weltraumfahrt–eine Aufgabe für die internationale wissenschaftliche Zusammenarbeit, in: Heinz Hermann Kölle (Hg.): Probleme der Astronautischen Grundlagenforschung. Vorträ-ge gehalten anläßlich des III. Internationalen Astronautischen Kongresses in Stuttgart vom 1. bis 6. September 1952, Stuttgart-Zuffenhausen, S.

256, vgl. auch «Der Spiegel» 8. 2. 1971, S. 139

[204] The Acid Test, S. 72

[205] The Explorers, in: F. Hecht (Hg.), IXth International Astronautical Congress Proceedings, Amsterdam 1958, Vol. 2, Wien 1959, S. 931, vgl. auch: Raketen verlängern die dritte Dimension. Der Anfang der Raumfahrt (Auszüge aus dem Vortrag in der Frankfurter Paulskirche am 6. Sept. 1959), in: «Frankfurter Allgemeine Zeitung» 9. 9. 1959, S. 9

[206] Weltraumfahrt, S. 255

[207] 类似的思想人物在其他当代火箭研究人员中也很常见，例如 Eugen Sänger，参见 Johannes Weyer: Akteurstrategien und strukturelle Eigendynamiken. Raumfahrt in Westdeutschland 1945 – 1965. Göttingen 1993

[208] Why should America, S. 9

[209] Ordway / Sharpe, S. 384

[210] Zimmer, S. 47

[211] John M. Logsdon: The Decision to Go to the Moon. Project Apollo and the National Interest. Cambridge, Mass. 1970, S. 52

[212] Zitiert in Ruland, S. 356

[213] Ordway / Sharpe, S. 389

[214] McDougall, S. 201 f.

[215] Zimmer, S. 62

[216] Zitiert in Logsdon, Decision, S. 35

[217] 作家汤姆·沃尔夫（Tom Wolfe）在他的报告文学小说《国家的英雄们》（The Right Stuff）中对此进行了令人印象深刻的描写。

[218] Zitiert in McDougall, S. 319 und Eisfeld, Mondsüchtig, S. 216

[219] Johnson, zitiert in Zimmer, S. 67

[220] Zitiert in Logsdon, Decision, S. 115

[221] Zitiert in McDougall, S. 303, vgl. auch Logsdon, Decision, S. 2

[222] Zitiert in Stuhlinger / Ordway, S. 311

[223] Zitiert in Zimmer, S. 131

[224] «Der Spiegel» 8. 2. 1971, S. 134

[225] Zitiert in Stuhlinger / Ordway, S. 343 f.

[226] Zitiert in Ruland, S. 366

[227] Max Born: Von der Verantwortung des Naturwissenschaftlers. München 1965, S. 126

[228] Vgl. Johannes Weyer (Hg.): Technische Visionen– politische Kompromisse. Geschichte und Perspektiven der deutschen Raumfahrt. Berlin 1993

[229] The Next 20 Years of Interplanetary Exploration, in:

«Astronautics and Aeronautics» Nov. 1965, S. 34

[230] Ebd., S. 24

[231] Ansprache beim VI. Europäischen Luftfahrt-Kongreß, S. 6, vgl. auch «Der Spiegel» 22. 9. 1965, S. 137

[232] John M. Logsdon: The Space Shutt-le Program: A Policy Failure?, in: «Science» 30 May 1986, S. 1099 – 1105

[233] Norman Mailer: Auf dem Mond ein Feuer. München 1971, S. 91

[234] Spangenburg / Moser, S. 111

[235] Zitiert in Ordway / Sharpe, S. 403

[236] Mitarbeiter von Brauns, zitiert in Stuhlinger / Ordway, S. 439 f.

[237] Zitiert in Stuhlinger / Ordway, S. 474

[238] Stuhlinger / Ordway, S. 475, vgl. von Braun, in: «Der Spiegel» 8. 2. 1971, S. 138

年　表

1912 年	3 月 23 日，韦恩赫尔·马格努斯·马克西米利安·冯·布劳恩出生于波兹南的维尔希茨。
1925—1930 年	就读于魏玛的赫尔曼·里茨奇宿学校。后来去到施皮克罗格（Spiekeroog）。
1930 年	在柏林技术学院上大学；成为航天器协会成员；与奥伯特合作。9 月 27 日，"柏林火箭试飞场"启用。
1931 年	在苏黎世联邦理工学院学习。
1932 年	12 月 1 日，在库默斯多夫成为德国国防军文职人员；成为柏林大学博士生。
1933 年	1 月 30 日，阿道夫·希特勒成为帝国总理。
1934 年	4 月 16 日，完成博士论文。12 月 19 日、20 日，试飞"马克斯"和"莫里茨"两枚 A2 火箭。

1935 年	6 月 27 日，决定在佩内明德建立火箭研究站。
1937 年	5 月 15 日，成为佩内明德试验站东区（后来的佩内明德陆军试验站）技术总监。11 月 12 日申请加入纳粹党。12 月 4 日 A3 发射失败。
1938 年	10 月 A5 发射成功。
1939 年	1 月开始进行 A4 的工作。9 月 1 日，第二次世界大战爆发。
1940 年	5 月 1 日，布劳恩加入党卫军。
1941 年	8 月 20 日，会见希特勒。
1942 年	3 月 18 日，第一枚 A4 发射失败。10 月 3 日，A4 火箭的飞行高度达到 85 千米，飞行距离 190 千米。11 月 22 日，希特勒批准量产 A4 火箭。
1943 年	6 月 2 日，要求为佩内明德送来集中营囚犯。7 月 8 日，会见希特勒。8 月 17 日、18 日，英国袭击佩内明德。12 月开始在中转工厂的生产。在波兰进行试射。
1944 年	3 月 22 日被盖世太保监禁；9 月 7 日、8 日使用 A4、V2 攻击伦敦和巴黎。
1945 年	1 月 31 日从佩内明德撤离；4 月 4 日从米特尔鲍 - 多拉集中营撤离；5 月 2 日火箭团队向美国投降；9 月 18 日启程前往美国；10 月抵达布利斯堡。

1946 年	4 月 16 日在白沙发射了一枚 V2；12 月 8 日，家庭成员抵达。
1947 年	3 月 1 日在兰茨胡特与玛丽亚·冯·奎斯托普结婚。
1948 年	12 月 9 日，女儿艾瑞斯·卡伦出生。
1949 年	伪造材料，合法入境美国；为陆军武器局开发多用途运载火箭。
1950 年	4 月 1 日，出任亚拉巴马州亨茨维尔红石兵工厂开发运营部门技术总监。
1951 年	10 月 12 日在纽约海登天文馆参加研讨会。
1952 年	3 月 22 日在《科利尔杂志》发表系列文章；5 月 8 日女儿玛格丽特·塞西尔出生。
1953 年	8 月 20 日发射一枚"红石"导弹。
1954 年	致力于"奥比特"卫星的工作；10 月 4 日，科学家委员会提议在国际地球物理年中发射地球卫星。
1955 年	3 月 9 日参与迪士尼演出《太空漫谈》；4 月 15 日入籍美国；8 月 3 日决定开发"先锋"号火箭。
1956 年	2 月 1 日出任亨茨维尔陆军弹道导弹局（ABMA）发展业务司技术主任；9 月 20 日，"木星 C"的创纪录飞行。

1957 年	10 月 4 日，"斯普特尼克"号人造卫星发射；11 月 8 日接到用"木星 C"发射一颗卫星的任务。
1958 年	1 月 31 日，发射"探险者"号卫星；7 月 8 日成立美国航空航天局（NASA）；得到建造土星火箭的合同；11 月 26 日启动"水星"项目。
1959 年	10 月 21 日转至美国航空航天局；决定实施登月计划。
1960 年	6 月 2 日，儿子彼得·康斯坦丁出生；7 月 1 日，陆军弹道导弹局改建为美国航空航天局的乔治·马歇尔太空航行中心（MSFC）。
1961 年	4 月 12 日，尤里·加加林进行太空飞行；4 月 15 日至 19 日，猪湾入侵；4 月 20 日，肯尼迪命令约翰逊发展太空航行计划；5 月 5 日，艾伦·谢泼德进行太空飞行；5 月 25 日，肯尼迪对外宣布登月计划；10 月 27 日"土星"1 号首次飞行。
1962 年	2 月 20 日，约翰·格伦进行太空飞行；6 月 7 日通过实施月球轨道会合方案的决定。
1963 年	1 月 8 日获得柏林工业大学荣誉博士学位；11 月 22 日，肯尼迪遇刺。
1965 年	5 月 23 日，首次双人太空飞行。
1966 年	2 月 26 日，"土星"1B 首次飞行。
1967 年	1 月 27 日，3 名宇航员死亡；11 月 9 日，"土星"5 号首次飞行。

1968 年	12 月，"阿波罗" 8 号绕月球运行。
1969 年	7 月 20 日，"阿波罗" 11 号登陆月球。
1970 年	3 月 1 日，在华盛顿特区任美国航空航天局规划部副部长。
1972 年	1 月 5 日，尼克松决定使用航天飞机；7 月 1 日，出任仙童工业公司工程和开发部副总裁。
1973 年	治疗肿瘤。
1975 年	住院治疗。
1976 年	12 月 31 日，冯·布劳恩退休。
1977 年	6 月 16 日，冯·布劳恩去世。

评　价

瓦尔特·多恩贝格尔

这个年轻的大学生个子很高，下巴宽阔健硕，在我数次不引人注意地参观雷尼肯多夫期间，他那果敢而灵敏的掌控力，以及他那令人吃惊的理论知识素养都引起了我的关注。在我看来，他似乎对问题有着更深入的理解，他的主要关切是如何把困难的问题说清楚。在这一点上，他与"火箭试飞场"上的大多数运营者有所不同，这让人感到愉悦。

见:《佩内明德》(*Peenemünde*)，法兰克福，1994 年，第 37 页。

沃尔夫·恩格尔

韦恩赫尔·冯·布劳恩回避政治话题，他对这些问题不感兴趣。从本质上看，他继承了其父亲的思想，态度上偏向保守，有德意志民族的那种性格。但他并没有四处兜售自己的政治理念，他更喜欢的是谈论技术问题。这种态度是他一生的写照。

见:《海因茨·霍莱斯》(*Heinz Horeis*)，沃尔夫·恩格尔著，慕尼黑，1992年，第24页。

阿尔伯特·施佩尔

我喜欢待在这个不关心政治的年轻科学家和发明家的圈子里，在这个圈子最顶层的就是那位二十七岁的韦恩赫尔·冯·布劳恩。他目标坚定，以现实的方式去落实未来的计划。1939年在这里最初绘就的草图也对我起到了奇妙的诱人效果：这差不多是一场关于奇迹的计划。这些充满奇幻想象的技术人员是一群精于计算的浪漫派，他们在我每一次参观佩内明德时都一再给我留下深刻的印象，我不由自主地觉得自己在某种程度上与他们休戚相关。

见:《回忆录》(*Erinnerungen*)，柏林，1969年，第375页及后页。

迈克尔·纽菲德

为了能建造大型火箭，韦恩赫尔·冯·布劳恩与魔鬼达成协议……然而，没有迹象表明他曾在被捕前为集中营里的囚犯们冒过生命危险，对于这些人的命运，他直到六七十岁……也没有表现出任何良心上的痛苦。

见：《火箭与帝国》（*Die Rakete und das Reich*），柏林，1997 年，第 331 页及后页。

赫伯特·约克

韦恩赫尔从年轻的时候就一直把目光投向天上的星星，一切有利于实现这个目标的事情都是正确的，他都欢迎。……有些人认为冯·布劳恩对太空航行这种伟大梦想的坚定奉献是英勇和有远见的。也有一些人表示，不能无视他为了实现自己的梦想而采取荒诞的手段和无原则的行为方式。我就属于后者。

见：《制造武器，谈论和平》（*Making Weapons, Talking Peace*），纽约，1987 年，第 175 页。

布雷纳德·福尔摩斯

我认为冯·布劳恩（给约翰逊副总统）的信对肯尼迪总统的决定有很大的影响……在那之外没有人会像冯·布劳恩那样。他是一个独一无二的人，他是太空航行发展史和登月之旅上的推动力。

引自：斯图林格／奥德威（Stuhlinger/Ordway）著，《韦恩赫尔·冯·布劳恩》，埃斯林根，1992 年，第 376 页。

迪特尔·胡策尔

他对技术细节记忆力极好。他对问题举重若轻，而且处理问题的时候总是考虑到现实情况。很明显他有相当的外交能力来助力实现自己的想法……在他面前，每个人都有一种团队归属感。

见:《从佩内明德到卡纳维拉尔》（*Von Peenemünder nach Canaveral*），柏林，1995 年，第 116 页。

汤姆·莱雷尔

"一旦火箭升空，谁在乎他们在哪里落下？那不归我的部门负责"，韦恩赫尔·冯·布劳恩如是说。

引自：艾斯·费尔德著,《渴望探月》（*Mondsüchtig*），莱贝克，1996 年，第 234 页。

雷·施潘根贝格/戴安娜·莫泽尔

但他可能还必须追问另外两个问题：我们作为人类如何去权衡自己对政府或国家的责任与义务？什么时候我们是否有责任说"不"，并反对发生在我们身边的罪行？

见:《韦恩赫尔·冯·布劳恩》，纽约，1995 年，第 120 页。

弗朗克·温特尔

有些人认为冯·布劳恩是一个不问政治、有远见的人，他在工程和组织方面有着非凡的天赋，他抓住了唯一的机会，坚定地实现建造太空火箭的计划。……然而，也有一些人认为，他有意识地选择忽略其行为的道德含义，他很清楚发展导弹对军队会有什么后果。我们可能永远无法知道真相。

见:《进入太空的火箭》(*Rockets into Space*)，剑桥，马萨诸塞，1990 年，第 39 页。

参考文献

————❖❀❖————

1. 档案材料

Bundesarchiv Berlin-Zehlendorf (ehem. Berlin Document Center) Bundesarchiv/ Militärarchiv Freiburg Deutsches Museum München, Peenemünde-Archiv

Historisch-Technisches Informationszentrum Peenemünde

KZ-Gedenkstätte Mittelbau Dora, Nordhausen

National Air and Space Museum, Washington, D.C.

Space and Rocket Center, Huntsville, Alabama

2. 参考书目

Sharpe, Mitchell R.: A Bibliography of Wernher Von Braun. With Selected Biographical Supplement 1930–1969 (NASA, o. J.)

3 . 传记作品

Bergaust, Erik: Wernher von Braun. Ein unglaubliches Leben. Düssel-dorf 1976

Gartmann, Heinz: Träumer, Forscher, Konstrukteure. Das Abenteuer der Weltraumfahrt. Düsseldorf 1955

– : Wernher von Braun. Berlin 1959 Neufeld, Michael J.: Wernher von

Braun. Visionär des Weltraums. Ingenieur des Krieges. München 2009 Ruland, Bernd: Wernher von Braun

Mein Leben für die Raumfahrt. Offenburg 1969

Stuhlinger, Ernst, und Frederick I. Ordway: Wernher von Braun. Aufbruch in den Weltraum. Die Biographie. Esslingen 1992

4. 有关韦恩赫尔·冯·布劳恩的作品

4.1 专著

Konstruktive, theoretische und experimentelle Beiträge zu dem Problem der Flüssigkeitsrakete, Dissertation 1934 (Friedrich-Wilhelms-Universität Berlin). Raketentechnik und Raumfahrtforschung, Sonderheft 1 (1960). Stuttgart

Das Marsprojekt. Studie einer interplanetarischen Expedition. Frankfurt a. M. 1952 (Umschau-Verlag)

Erste Fahrt zum Mond. Frankfurt a. M. 1960 (G. B. Fischer)

Bemannte Raumfahrt. Frankfurt a. M. 1968 (G. B. Fischer)

4.2 合集

Wernher von Braun, Joseph Kaplan, Heinz Haber, Willy Ley, Oscar Schachter und Fred L. Whipple: *Station im Weltraum*. Frankfurt a. M. 1953 (S. Fischer)

–, Willy Ley und Fred L. Whipple: *Die Eroberung des Mondes*. Frankfurt a. M. 1954 (S. Fischer)

–, Willy Ley : *Die Erforschung des Mars*. Frankfurt a. M. 1957 (S. Fischer)

–, Willy Ley : *Die Eroberung des Welt- raums*. Frankfurt a. M. 1958 (S. Fischer)

–, Willy Ley : *Start in den Weltraum. Ein Buch über Raketen, Satelliten und Raumfahrzeuge*. Frankfurt a. M. : 1958 (S. Fischer)

–, Frederick I. Ordway: *History of Rocketry and Space Travel*. New York 1975 (Thomas Y. Crowell; Erstauf-lage 1966)

–, Frederick I. Ordway: *Raketen. Vom Feuerpfeil zum Raumtransporter*. München 1979 (Pfriemer)

4.3 有关文章及手稿

Zur Theorie der Fernrakete (Ms., ca. 1929), in: Deutsches Museum 00020

Lunetta, in: Jürgen vom Scheidt (Hg.): Das Monster im Park. 18 Erzählun-gen aus der Welt von morgen von Wernher von Braun bis Arthur C. Clarke. München 1970, S. 7–10

Das Geheimnis der Flüssigkeitsrakete, in: «Umschau» 36 (1932), S. 449–452

Organisation der Abschlußentwicklung A4 und seiner Bodeneinrichtungen (Ms.), Karlshagen, 25. 4. 1944, in: Deutsches Museum 00019

Survey of Development of Liquid Rockets in Germany and their Future Prospects, in: «British Interplanetary Society Journal» 10 (1951), March, S. 75–80

Weltraumfahrteine Aufgabefür die internationale wissenschaftliche Zusammenarbeit, in: Heinz-Hermann Kölle (Hg.): Probleme der Astronautischen Grundlagenforschung. Vorträge gehalten anläßlich des III. Internationalen Astronautischen Kongresses in Stuttgart vom 1. bis 6. September 1952, Stuttgart-Zuffenhausen, S. 246–256

Why I chose America, in: «American Magazine» July 1952, S. 15, 111–115

Space Superiority (as a Meansfor Achieving World

Peace), in: «Ord nance» 37 (1953), March /April, S. 770–775

The Early Steps in the Realization of the Space Station, in: «Journal of the British Interplanetary Society» 12 (1953), Jan., S. 23–26

Key To Success in Guided Missiles, in: «Missiles and Rockets» Oct., 1956, S. 38–42

Reminiscences of German Rocketry, in: «Journal of the British Interplanetary Society» 15 (1956), May-June, S. 125–145

The Seer of Space. Lifetime of rocket work gives Army's Von Braun special insight into future, in: «Life» Vol. 43, No. 21 (Nov. 18, 1957), S. 133–139

The Meaning of Space Superiority (Ms., ca. Nov. / Dez. 1957), in: Deutsches Museum 00019

From Small Beginnings, in: Kenneth Gatland (Hg.): Projekt Satellite. London 1958, S. 19–49

Space Man–the story of my life, in: «The American Weekly» July 20, 1958, S. 7–9, 22–25

The Acid Test, in: «Signal» March 1958, S. 5–6, 19, 72

Rundown on Jupiter C, in: «Astronautics» 3 (1958), Oct., S. 32–33, 80–84

Raketen verlängern die dritte Dimension. Der Anfang der Raumfahrt (Auszüge aus dem Vortrag in der Frankfurter Paulskirche am 6. Sept. 1959), in: «Frankfurter Allgemeine

Zei-tung» 9. 9. 1959, S. 9

The Explorers, in: F. Hecht (Hg.), IXth International Astronautical Congress Proceedings, Amsterdam 1958, Vol. 2, Wien 1959, S. 914–931

Why should America conquer space?, in: «This Week Magazine» March 20, 1960, S. 8–10

Aufgabe und Ziele amerikanischer Raumfahrtprojekte, in: Eugen Sänger (Hg.): Raumfahrt wohin? München 1962, S. 65–78

Einsatzaufgaben wissenschaftlicher, kommerzieller und bemannter Raum flugkörper, in: «Weltraumfahrt. Zeitschrift für Astronautik und Rake-tentechnik» 13 (1962), S. 129–134

Das Programm der Weltraumfahrt, in: Gunthar Lehner (Hg.): Griff nach den Sternen. Sinn und Möglichkeiten der Weltraumfahrt. München 1962, S. 5–25

Mondprogramm Apollo, in: «Flugwelt» 1963, S. 842–853

Motive der Weltraumfahrt, in: «Natur wissenschaft und Medizin» 1 (1964), H. 1, S. 3–14

The Redstone, Jupiter, and Juno, in: Eugene M. Emme (Hg.): The History of Rocket Technology. Essays on Research, Development, and Utility. Detroit 1963, S. 107–121

Ansprache beim VI. Europäischen Luftfahrt-Kongreß am 2. September 1965 in München (Ms.), in: Deutsches Museum 00021

The Next 20 Years of Interplanetary Exploration, in: «Astronautics and Aeronautics» Nov. 1965, S. 24–34

(ohne Titel), in: Als wir noch Lausbuben waren, München 1966, S. 34– 36

Has U.S. settled for No. 2 in Space? Interview with Wernher von Braun, in: «U.S. News & World Report» Oct. 14, 1968, S. 74–76 (deutsch in: «Der Spiegel» 28. 10. 1968, S. 206–212)

After Apollo, What?, in: «The Science Teacher» 37 (1969), Sept., S. 22–24

Das deutsche Raketenwesen, in: Arthur C. Clarke (Hg.), Wege in den Weltraum. Die Pioniere berichten, Düsseldorf 1969, S. 52–82

Erinnerungen an den Sommer 1930 (Ms., 1973), in: Deutsches Museum 00022

Now That Man has Reached the Moon, What Next? (1970), in: Frederick I. Ordway III / Randy Liebermann (eds.), Blueprint for Space. Science Fiction to Science Fact. Washington, D.C. 1992, S. 166–175

5. 时代见证者的回忆录

Braun, Magnus Freiherr von: *Von Ostpreußen bis Texas. Erlebnisse und zeitgeschichtliche Betrachtungen eines*

Ostdeutschen. Stollham 1955

Dornberger, Walter: *Peenemünde. Die Geschichte der V-Waffen.* Frankfurt a. M. 1994 (Erstauflage 1952)

Horeis, Heinz : *Rolf Engel–Raketen-bauer der ersten Stunde.* München 1992

Huzel, Dieter K. : *Von Peenemünde nach Canaveral.* Berlin 1994 (Erst-auflage 1962)

Koelle, Heinz-Hermann: *Werden und Wirken eines deutsch-amerikanischen Raumfahrt-Professors.* Berlin 1994

Ley, Willy : *Count von Braun,*in: «Journal of the British Inter-planetary Society» 6 (1947), S. 154–156

Medaris, John B., und Arthur Gordon: *Die Zukunft wird heute entschieden. Raketen, Flugkörper und Satelliten.* Köln 1961

Michel, Jean : *Dora.* New York 1979 Nebel, Rudolf: *Die Narren von Tegel. Ein Pionier der Raumfahrt erzählt.* Düsseldorf 1972

Speer, Albert : *Erinnerungen.* Berlin 1969

– : *Der Sklavenstaat. Meine Auseinan dersetzungen mit der SS.* Stuttgart 1981

York, Herbert F.: *Making Weapons, Talking Peace. A Physicist's Odyssey from Hiroshima to Geneva.* New York 1987

6. 有关火箭研究史的文章

Béon, Yves, und Michael J. Neufeld : *Planet Dora. A Memoir of the Holocaust and the Birth of the Space Age.* Boulder 1998

Biddle, Wayne : *Dark Side of the Moon: Wernher von Braun, the Third Reich, and the Space Race.* New York 2009

Bode, Volkhard, und Gerhard Kai-ser : *Raketenspuren. Peenemünde 1936–1996.* Berlin 1996

Bornemann, Manfred: *Geheimprojekt Mittelbau. Die Geschichte der deutschen V-Waffenwerke.* München 1971

Büdeler, Werner: *Geschichte der Raumfahrt.* Künzelsau 1979

Eisfeld, Rainer: *Die unmenschliche Fabrik. V2-Produktion und KZ «Mittel- bau-Dora».* Erfurt 1993

– : *Mondsüchtig. Wernher von Braun und die Geburt der Raumfahrt aus dem Geist der Barbarei.* Reinbek 1996

Erichsen, Johannes, und Bernhard M. Hoppe (Hg.): *Peenemünde. Mythos und Geschichte der Rakete 1923–1989.* Berlin 2004

Fiedermann, Angela, Torsten Heß und Markus Jaeger: *Das Konzentra tionslager Mittelbau Dora. Ein histori- scher Abriß.* Berlin 1993

Hölsken, Heinz Dieter: *Die V- Waffen. Entstehung– Propaganda– Kriegseinsatz.* Stuttgart 1984

Hunt, Linda: *U.S. Coverup of Nazi Scientists*, in: Bulletin of the Atomic Scientists 41 (1985), S. 16–24

Logsdon, John M.: *The Decision to Go to the Moon. Project Apollo and the National Interest.* Cambridge, Mass. 1970

– : *The Space Shuttle Program: A Policy Failure?*, in: Science 30 May 1986, S. 1099–1105

Mader, Julius: *Geheimnis von Hunts- ville. Die wahre Karriere des Raketen- barons Wernher von Braun.* Berlin 1963

McDougall, Walter A.: ... *The Heavens and the Earth. A Political History of the Space Age.* New York 1985

Neufeld, Michael J.: *Die Rakete und das Reich. Wernher von Braun, Peenemünde und der Beginn des Raketen zeitalters.* Berlin 1997

– : *Space superiority: Wernher von Braun's campaign for a nuclear-armed space station, 1946– 1956*, in: Space

Policy 22 (2006), S. 52–62 Oberth, Hermann : *Die Rakete zu den Planetenräumen.* München 1923

Ordway III, Frederick I., und Mitchell R. Sharpe: *The Rocket Team. From the V2 to the Saturn Moon Rocket.* Cambridge, Mass. 1982

Piszkiewicz, Dennis: *The Nazi Rocketeers: Dreams of Space and Crimes of War*. Westport 1995

Spangenburg, Ray, und Diane K. Moser: *Wernher von Braun. Space Visionary and Rocket Engineer*. New York 1995

Stamm-Kuhlmann, Thomas, und Reinhard Wolf (Hg.): *Raketen-rüstung und internationale Sicherheit von 1942 bis heute*. Stuttgart 2004

Trischler, Helmuth : *Luft- und Raum- fahrtforschung in Deutschland 1900–1970. Politische Geschichte einer Wissenschaft*. Frankfurt a. M. 1992

Weyer, Johannes : *Akteurstrategien und strukturelle Eigendynamiken. Raumfahrt in Westdeutschland 1945–1965*. Göttingen 1993

– : *Technik und Ethik. Ein Mehrebenen-Modell zur Erklärung unethischen Handelns am Beispiel Wernher von Brauns*, in: Monika Gadebusch Bondio / Thomas Stamm-Kuhlmann (Hg.), *Wissen und Gewissen. Histori- sche Untersuchungen zu den Zielen von Wissenschaft und Technik*. Münster 2009, S. 131–153

– (Hg.): *Technische Visionen–politische Kompromisse. Geschichte und Perspektiven der deutschen Raumfahrt*. Berlin 1993

Winter, Frank A.: *Prelude to the Space Age. The Rocket*

Societies: 1924–1940. Washington 1983

– : *Rockets into Space.* Cambridge, Mass. 1990

Zimmer, Harro: *Das NASA-Protokoll. Erfolge und Niederlagen.* Stuttgart 1997

7. 长篇小说，报告文学

Anders, Günter: *Der Blick vom Mond. Reflexionen über Weltraumflüge.* München 1970

Mailer, Norman: *Auf dem Mond ein Feuer.* München 1971 (engl. : Of a Fire on the Moon, 1971)

Michener, James A. : *Sternenjäger.* München 1983 (engl.: Space, 1982)

Pynchon, Thomas: *Die Enden der Parabel.* Reinbek 1989 (engl. : Gravity's Rainbow, 1973)

Wolfe, Tom : *Die Helden der Nation.* München 1996 (engl. : The Right Stuff, 1979)

作者简介

------ ❦ ------

约翰内斯·魏尔博士于 1956 年出生于伊达尔－奥伯斯坦，自 2002 年以来一直担任多特蒙德工业大学技术社会学教授，其研究重点是复杂系统的人机交互和控制。从 1984 年到 1999 年由于在班贝格和多特蒙德的教席被替代，他去到比勒费尔德大学担任助理和大学讲师。

他在技术社会学、技术评估和太空政策领域发表了丰富的著作，包括：《技术社会学：社会技术系统的形成、设计和控制》(魏因海姆，2008 年)、《复杂系统的管理：应对不透明、不安全及混乱局面的方案》(与英戈·舒尔茨－谢非尔合编，慕尼黑，2009 年)、《社交网络：社会科学网络研究的概念和方法》(第 3 版，慕尼黑，2014 年)、《实时社会：智能技术如何操纵我们的生活》(法兰克福，2019 年)。

致　谢

这本书从迈克尔·纽菲德和赖纳·艾斯费尔德二人细致的历史研究中获益良多。他们都给我提出了宝贵的意见并提供了材料，在此特别予以感谢。

我也要感谢海因茨－赫尔曼·科勒（Heinz-Hermann Koelle）、于尔根·舍弗兰（Jügen Scheffran）、赫尔穆特·特里施勒（Helmuth Trischler）、彼得·魏加特（Peter Weingart）、苏珊娜·齐格勒（Susanne Ziegler）和哈罗·齐默（Harro Zimmer）为我提供了重要的参考资料。

译后记
火箭在何处落下？

相信每一位翻阅完本书的读者都会强烈地感受到，约翰内斯·魏尔所著的这本关于德国著名火箭科学家冯·布劳恩的传记是一部真正意义上的人物批评——从本书的开篇到结尾，几乎无处不贯穿着作者对于冯·布劳恩这类技术官僚式的科学观、世界观的质疑、讽刺和否定。作为译者，我习惯于在翻译过程中尽可能地广泛参阅其他平行文本。其实在我的书桌上还摆放着另一本关于冯·布劳恩的传记，那是一本出版于十多年前写给我国青少年的科普读物。在那本书中，对冯·布劳恩则是作为太空探险的先驱者，现代航天之父来进行介绍的，他的形象光辉伟大，他的事迹催人奋进，我们人类能进入浩瀚宇宙，取得现在的航天成就，离不开他的科学研究和技术贡献。

人物还是那些人物，故事还是那些故事，然而时代和视角不同，对这些人物和故事所蕴含意义的解读就大相径庭——我认为两种类型的传记都各有其意义：普及科学知识，传播科学精神，鼓励青少年勇攀科学高峰，当然是每一个国家都值得大力推进的文化工程；另外，对科学技术与道德伦理的关系，对科技发展中人文价值的体现，对人类前途命运的终极关怀，也一直都是科学技术史中无法绕开的核心主题。冯·布劳恩的一生都在为实现他太空梦而努力工作，技术进步本身成为他所有行动的目的和价值所在。对于像他一样的科学家而言，可能他们更宁愿去解决那些复杂棘手的技术难题，也不愿或不能清晰而理性地回答一个简单的问题："我们为什么要这样做？"魏尔的这部人物评传正是基于丰富的史料和批判的精神，对以冯·布劳恩为典型代表的当代科学家们（难道我们不会想到爱因斯坦、哈恩、奥本海默、泰勒、马斯克……？）敲响的警钟。

或许有人会说，人无完人，作者对冯·布劳恩的批评之声似乎过于尖刻，掺入了太多个人的主观感情。我想，或许这才是这本考据严谨却并非鸿篇巨制的学术著作的可爱之处——就像如果没有冯·布劳恩的贡献，人类就难以进入太空，月球对我们而言就一直是神秘的未知世界。现在，当我们乘坐火箭踏上月球，亲眼看到这片贫瘠的荒漠以后，应该能够学会更加珍惜人类生存的美好地球。从不同的角度考察历史人物，将其放在其特定的时代背景之中，又能站在当今的基本价值立场上去加以全面认识，从而得到更加符合客观现实，符合实际需求的判断，这是符合科学精神的做法。火箭在何处落下？是伦敦、巴黎还是月球？这绝不仅仅是个技术问题。如果说20世纪是科技迅猛发展的世纪，冯·布劳恩这样的科学家在那个时代还能为自己找到某些"科学至上"的理由，那么在21世纪已经快要过去四分之一的当今时代，我们的科学家、政治家、工程师、社会大众，包括广大青少年或许更应该增强的就不仅仅是科学素养、科学知识，而更应该有的是人文反思和批判精神。

完成《冯·布劳恩评传》的翻译之时，正值诺兰的电影《奥本海默》在国内上映，作为还沉浸在上世纪人类科学大发展以及随之而来的大反思背景下的译者，我很难不对"科学与伦理"这个命题不产生自己的思考和忧虑。完成本篇译后记之时，美国人工智能公司 OpenAI 刚刚举行了首次开发者大会，所谓智能体时代已经正式开启，或许这是一个最好的时代，或许这是一个最坏的时代。"脱缰之马"这个词早已不足以形容科技发展的速度之快，"如履薄冰"这个词已不足以形容我们面对科技发展的忐忑之情。或许瑞士作家迪伦马特在他的短篇小说《隧道》中那个文学虚构的结尾才必然地符合当今世界的现实——满载乘客的列车朝着终极的隧道深渊急速坠落，对于列车长大声呼喊出的问题"我们该怎么办？"，主人公的脸上带着一种魔鬼般的欢乐，回答道："什么也做不了。"

廖 峻

2023 年 11 月于歌乐山